DANS LA SECONDE MOITIÉ DU XVIe SIÈCLE

ou

LE RÈGNE DE SARTSA-DENGEL (MALAK-SAGAD)

(1563—1594)

D'APRÈS DES ANNALES ÉTHIOPIENNES INÉDITES

par

MARIUS SAINEANO

ÉLÈVE DIPLÔMÉ DE L'ÉCOLE DES LANGUES ORIENTALES
ANCIEN ÉLÈVE DE L'ÉCOLE DES HAUTES-ÉTUDES

LEIPZIG—BUCAREST

1892

L'ABYSSINIE

DANS LA SECONDE MOITIÉ DU XVIᵉ SIÈCLE

ou

LE RÈGNE DE SARTSA-DENGEL (MALAK-SAGAD)

(1563—1594)

D'APRÈS DES ANNALES ÉTHIOPIENNES INÉDITES

PAR

MARIUS SAINEÁNO

ÉLÈVE DIPLÔMÉ DE L'ÉCOLE DES LANGUES ORIENTALES
ANCIEN ÉLÈVE DE L'ÉCOLE DES HAUTES-ÉTUDES

LEIPZIG—BUCAREST

1892

Le présent travail est destiné à servir d'introduction à une volumineuse chronique éthiopienne restée inédite et jusqu'à présent inconnue aux spécialistes même. Le texte de ces importantes annales serviront, ainsi que leur traduction, de thèse à l'Ecole des Hautes-Etudes de Paris.

Leur extrême importance pour l'histoire de l'Abyssinie au XVIᵉ siècle ressortira de l'introduction suivante qui a été présentée comme thèse de doctorat en philosophie à l'Université de Leipzig. Elles montreront sous son véritable jour Sartsa-Děngěl, le plus grand des monarques abyssins.

L'ABYSSINIE

DANS LA SECONDE MOITIÉ DU XVI· SIÈCLE

Si l'on en croit les traditions du pays, les Éthiopiens seraient la nation la plus ancienne du monde qui se soit conservée jusqu'à nos jours, pure de tout alliage étranger. La première de ces traditions fait remonter l'origine de ce peuple à Couch, fils de Cham et petit-fils de Noé, dont les descendants pour éviter les inconvénients d'un nouveau déluge, cherchèrent un refuge sur les hautes montagnes de l'Abyssinie. Selon la seconde tradition, moins vague que la précédente et qui a obtenu le suffrage de quelques savants, le roi Ménélik ou Ebna-Hakim serait le fils de la reine de Saba et de Salomon. Ce prince que sa mère avait envoyé chez son père pour son éducation, introduisit à son retour le Judaïsme dans ses États et succéda à sa mère sur le trône d'Éthiopie.

L'histoire est muette sur les descendants de cette dynastie salomonienne. En effet, pour un espace de treize siècles, les annales éthiopiennes nous offrent seulement quelques listes de monarques, dont on n'a conservé que les noms, listes d'ailleurs incomplètes et présentant de nombreuses lacunes. Du reste, les noms varient à l'infini dans les diverses chroniques.

Ce qui paraît certain, c'est que des peuplades sémitiques de l'Asie émigrèrent en Éthiopie à une époque très reculée; que, vers le premier siècle de l'ère chrétienne, des colonies d'Arabes renforcées par des Juifs passèrent la mer Rouge, s'établirent dans le pays, principalement sur ses côtes et formèrent de bonne heure un royaume puissant nommé Adoulis, dont la capitale était Axum. Ce royaume fut longtemps un point commercial de premier ordre, fréquenté par beaucoup de voyageurs et surtout par des Grecs se dirigeant vers les Indes. Quelques inscriptions trouvées à Axum attestent l'état florissant de ce royaume.

La conversion de l'Ethiopie [1] au Christianisme, vers le IVe siècle est le seul fait qui se dégage de ce sommeil millénaire. Jusqu'à ce moment, dit la tradition, le peuple avait professé le Judaïsme.

Après cet événement l'Abyssinie s'endort de nouveau pour toute la durée du moyen âge et ne se réveille qu'au treizième siècle, pour jeter quelques lueurs trois cents ans durant et reprendre finalement son sommeil traditionnel.

Vers le Xe siècle éclate une révolution, qui ensanglante le trône et met l'Abyssinie à deux doigts de sa ruine. La légende dit qu'une femme juive nommée Judith ou Esther, ou Sa'at, ou encore Tarda Gobaz ou Tredda Gabez, renversa del Na'od, un descendant de la dynastie salomonienne, et après avoir égorgé toute la famille royale, fut assez forte pour conserver le pouvoir pendant quarante ans et le transmettre ensuite à cinq de ses descendants, désignés sous le nom de *Zaghé* [2].

---

[1] Ethiopie est le nom que les anciens Grecs ont donné à ce pays. Le terme moderne d'Abessinie ou d'Abyssinie vient du mot arabe «Habesch» que les Portugais ont transformé en Abex. Les Ethiopiens eux-mêmes s'appellent *gĕĕz* et donnent à leur pays le nom de *bhera-gĕĕz*.

[2] Bruce qui croit à la tradition de Ménélik prête foi également à cette légende. Combes et Tamisier (cf. Rüppel, *Reisen in Abessinien*, t. II, p. 350) avaient déjà, il y a soixante ans, soutenu que cette femme fut chrétienne et non juive. Néanmoins Rüppel croit que la reine était juive, attendu que dans toutes les chroniques elle passe pour l'avoir été. *Zaghé* qui selon lui est le nom de la reine, ne serait qu'une mauvaise transcription de *hatsé* (en caractères éthiopiens), titre qu'on donne aux monarques abyssins (Halévy).

Une dynastie nouvelle, originaire du Lasta, province de l'Éthiopie, usurpe à son tour la couronne et règne jusqu'en 1268. Mais un seul enfant avait échappé à la fureur de la prétendue juive et avait pu se réfugier dans la province de Choa. C'est là que ses descendants, au nombre de huit, se sont succédé sans jamais tenter, à ce qu'il paraît, de remonter sur le trône qui leur appartenait.

Enfin la dynastie selomonienne reprend le pouvoir suprême en 1268 avec Yekouno-Amlâk, à la suite d'un traité conclu entre le dernier prince de Lasta et l'abouna Takla-Haimanot. Aussi peut-on dire que la véritable histoire éthiopienne ne commence qu'avec ce prince, et prend désormais un véritable caractère historique.

Cette dynastie fournit une série de princes qui, à cause de la configuration même du pays, menacé constamment par les Maures, les Gallas, les Turcs et autres peuplades, sortirent avec plus ou moins d'avantages de leurs rencontres avec les ennemis.

Le plus malheureux de tous ces princes fut Lěbna-Děngěl, surnommé Ouanag-Sagad. Durant tout son long règne (1508—1540), hormis au début, ce prince se laisse constamment battre par les Maures; il voit avec douleur l'ennemi exercer ses cruautés, marcher de victoire en victoire, pénétrer dans toutes les parties de l'Abyssinie, brûler toutes les églises et faire passer au fil de l'épée hommes, femmes, enfants et animaux. Mais son fils Galaoudéos (Claudius) ou Asnaf-Sagad venge sa mémoire en infligeant aux Maures quelques défaites terribles, dans une desquelles le farouche Grañ, la terreur de l'Abyssinie, périt lui-même.

On pourrait croire qu'après de si cruelles épreuves le pays allait jouir d'un long repos! Il n'en fut pas ainsi. Seize ans plus tard, dans une nouvelle rencontre avec les Maures, Claudius était battu et perdait la vie. La plus grande partie de son armée était faite prisonnière, ses meilleurs capitaines massacrés et le camp mis au pillage!

Son frère Admas, lui succédant, trouva le royaume dans une confusion presqu'aussi grande que celle où il était à la mort de Lëbna-Dëngël. Mais sous son règne, très court, il est vrai, illustré d'ailleurs de quelques défaites, la triste situation ne fit qu'empirer. De tous côtés les ennemis se préparaient à porter le dernier coup au pays agonisant; l'anarchie la plus affreuse déchirait toutes les provinces et chaque gouverneur profitait de ces temps de trouble pour faire servir le pouvoir royal à son avantage; enfin un découragement général s'emparait de tous les esprits: tels étaient les avant-coureurs d'une catastrophe, qui devait entrainer la ruine du pouvoir chrétien et l'extinction de la dynastie salomonienne.

C'est alors qu'un enfant de 14 ans, fils ainé du roi défunt, monte sur le trône chancelant.

Par un contraste du sort, il fut donné à ce jeune monarque non seulement de rendre à son pays le repos, dont il avait été si longtemps privé, mais aussi d'élever le royaume abyssin au plus haut degré de splendeur qu'il ait jamais atteint. Sartsa-Dëngël, durant son long règne de 31 ans, n'essuya jamais une défaite. Seul, parmi les rois éthiopiens, en plus de vingt batailles, toujours gagnées, il extermine, en effet, les formidables puissances turque et maure, détruit plus de douze tribus gallas et assied partout sa souveraineté.

Aussi vais-je essayer une esquisse de l'histoire glorieuse de ce prince, qui fut aussi grand par sa mansuétude, sa modération et sa générosité que par sa valeur, son intrépidité et la grandeur de son courage; qualités brillantes, qui le firent redouter de ses ennemis et aimer de son peuple.

I

Les annales de Sartsa-Dëngël ont été extraites d'un gros manuscrit éthiopien [1] portant le No. 143 et qui est en possession de la Bibliothèque nationale de Paris. C'est un recueil d'annales des rois d'Abyssinie, réunies en l'an 7278 du monde à Má'hdara-Máryám sur l'ordre du dadjazmatsch

---

[1] Papier 370 feuillets, 320 mlm. sur 220, écriture sur deux colonnes, du XIXe siècle, 30 à 36 lignes par page.

'Hallou. Une autre copie de ce manuscrit, dont l'original a été trouvé par Rüppell dans l'église de Kiratsa, est la propriété de la Bibliothèque de Frankfort [1]. Cette copie contient 367 feuillets, l'écriture en est serrée et sur deux colonnes. Enfin un troisième exemplaire, format également in 4°, appartenant au British-Museum, a seulement 98 feuillets. L'écriture en est fine et sur trois colonnes. Il fut, paraît-il, rapporté par Bruce. Antoine d'Abbadie, dans son Catalogue raisonné, sous le No. 118, parle d'un quatrième exemplaire, qu'il intitule «Tarika-nagacht» et qui a 257 feuillets, trois colonnes par page et dont l'écriture est *raqîq*.

Ce qui semble certain, c'est que tous les exemplaires de cette chronique ne sont que des copies exécutées pour des savants de passage en Abyssinie et très probablement l'original doit se trouver encore dans quelque église du pays.

Le manuscrit de Paris offre peut-être la copie la plus moderne de ce fameux recueil. Le papier, la reliure et surtout l'écriture prouvent que cette copie a été faite dans notre siècle. Elle diffère principalement de celle rapportée par Bruce en ce qu'elle contient en plus l'histoire des XVII° et XVIII° siècles. Outre cela, l'écriture, qui est très fine dans le manuscrit du British-Museum, est en certains endroits illisible et très rapide dans celui de Paris. Beaucoup même de noms propres, qui devaient être écrits à l'encre rouge, y ont été omis, ce qui m'a causé souvent un réel embarras.

Il paraît que cette chronique, qui est l'ouvrage le plus considérable en fait d'histoire éthiopienne, est restée, malgré toutes ces copies, inconnue à tous ceux qui ont écrit sur l'histoire de ce peuple. Ludolf en a ignoré l'existence et Bruce même, qui, dit-on, l'a rapportée d'Abyssinie, ne s'en est point servi. Je ne cite que ces deux savants, parce qu'ils sont les seuls qui aient écrit sur la période s'étendant de Yekouno-Amlâk jusqu'au milieu du XVIII° siècle. Les divers voyageurs qui s'aventurèrent plus tard en Abyssinie, se contentèrent d'emprunter à Ludolf et principalement à Bruce les

---

[1] Rüppel. *Reisen in Abessinien*, . II, p. 219.

quelques notions d'histoire, allant des temps primitifs à nos jours.

Je prouverai dans la suite, au fur et à mesure que l'occasion s'en présentera, comment Bruce, qui prétend avoir résumé de grosses annales éthiopiennes, n'a fait que traduire de simples abrégés, du moins en ce qui concerne le règne de Sartsa-Dèngèl et a suppléé par des descriptions imaginaires, parfois même embrouillées, aux lacunes profondes que lui présentaient ces mêmes abrégés. On a essayé de prouver les flagrantes contradictions qu'on rencontrait presque à chaque page dans les livres de Bruce et même on est allé jusqu'à dire qu'ils ne renfermaient que des contes. Sans aller si loin, il serait permis, dans l'intérêt de l'histoire, de faire connaître avec quel peu de scrupules ce fameux voyageur a defiguré, à l'aide de sa puissante imagination, l'histoire éthiopienne. Et cependant, depuis un siècle, il a passé et passe encore pour beaucoup de savants comme un oracle infaillible, et ses écrits sont la source où puisent voyageurs et savants. Il y a peu de temps encore, un jeune sémitisant a essayé, dans un livre d'ailleurs excellent [1], de réhabiliter la mémoire de Bruce, en lui empruntant des détails historiques de la fausseté desquels on se convaincra par la suite. Ajoutons que Rüppell se trompait aussi en afirmant que pour sa part il était convaincu de l'exactitude des récits de Bruce sur la période allant du XVe au XVIIIe siècle [2].

Passons maintenant à la chronique et parlons uniquement des Annales de Sartsa-Dèngèl, qui vont du feuillet 125 au feuillet 181, et occupent le plus long espace dans le recueil. Dans le manuscrit de Londres, l'écriture étant serrée et disposée sur trois colonnes, le règne de ce prince ne renferme que 26 feuillets (61—97), tandis que dans celui de d'Abbadie, le même règne, sans différence de contenu, va du feuillet 142 à 220.

Ces annales sont divisées en trois parties distinctes et

---

[1] Renée Basset, *Etudes sur l'histoire de l'Ethiopie*, p 8.
[2] Rüppell, t. II, p. 110.

ont été écrites à différentes époques. L'ouvrage tout entier se compose de neuf livres, dont les deux derniers, les plus longs, ont été ajoutés plus tard. Suivant MM. Zotenberg et Dillmann, tous les livres, sauf le neuvième, auraient été écrits et achevés en la dix-huitième année du règne de Sartsa-Déngël. Ils font reposer leur supposition sur une note, qui est à la fin du huitième livre et qui est ainsi formulée: «Cette chronique a été achevée en l'an 7073 de la création, 1895 d'Alexandre aux deux cornes, 1573 (c'est-à-dire 1580) de l'ère chrétienne [1], 1293 des martyrs, dans la dix-huitième année du règne de Sartsa-Déngël».

En réalité, cette note finale ne vise pas la chronique toute entière, mais uniquement le huitième livre. Quant aux sept autres livres, il faudrait reporter leur composition à deux ans en arrière. Le septième livre se termine, en effet, par une post-face dans laquelle l'écrivain avertit le lecteur qu'il a achevé l'histoire du roi et laisse à d'autres, au cas où il mourrait, le soin de la continuer. Rapportons d'ailleurs les propres paroles de l'auteur: «Voici ce que nous avons vu et entendu et c'est ainsi que nous avons exposé le récit des mérites du roi vainqueur Sartsa-Déngël. En écrivant, nous nous sommes efforcé d'être brefs et avons évité le superflu des miracles faits par Dieu en sa faveur durant son règne. Eussions-nous voulu tout écrire, le monde assurément n'eût pu contenir les volumes. Que le lecteur ou l'auditeur de cette chronique veuille bien se contenter de ce peu et en remercier Dieu, car c'est pour lui éviter l'ennui que nous avons pris le parti de l'écrire en abrégé».

Plus loin, l'auteur ajoute qu'en résumant, il n'a fait qu'imiter Ghiorghis fils d'Amid, le compilateur du résumé des «Tarika azmanat» et qu'il avait l'intention d'y ajouter plus tard si Dieu lui laissait la vie. «Maintenant, dit-il en finissant, si la mort que nul mortel n'évite venait à nous surprendre, que les survivants ne cessent d'écrire les miracles que Dieu

---

[1] L'ère chrétienne chez les Ethiopiens est de 7 ans et 122 jours en arrière.

accomplira par la main de ce roi chrétien. Que Dieu nous accorde de longs jours, et que sa miséricorde et clémence protègent la vie du roi».

En effet, le roi venait à peine d'infliger une sanglante défaite aux Turcs, ses plus redoutables ennemis, que, pour consacrer cette étonnante victoire et toutes celles remportées sur les Maures et les Gallas, il se fit couronner dans l'antique ville d'Axum avec toute la pompe grandiose nécessitée par une telle solennité. C'était vers le début de la 17e année de son règne. Après de si grands succès, inouïs jusqu'alors dans les fastes éthiopiens, le roi crut qu'il était temps de faire écrire son histoire, afin que la postérité n'oubliât pas que ce fut lui, Sartsa-Dĕngĕl, qui avait exterminé les deux fléaux de son pays : les Maures et les Turcs.

Cette histoire doit avoir été écrite à Axum, aussitôt après le couronnement, car après la post-face que je viens de citer et une autre dont je parlerai plus loin, le huitième livre traite de la sortie du roi et de celle de son armée, pour se rendre dans le Dambia.

A l'exception de la bataille avec les Turcs, à laquelle l'auteur paraît avoir pris part en témoin, il s'est évidemment servi pour toutes les autres guerres contre ennemis ou parents, de quelques ébauches d'annales, qui ne faisaient que mentionner la date et la victoire, ainsi que du témoignage de ceux qui avaient pris part à ces événements.

Il est naturel que si l'écrivain se fût arrêté au huitième livre, il eût été inutile qu'il perdît son temps à faire son testament d'historien pour les survivants et continuât comme si rien ne se fût passé. Je vais même jusqu'à supposer que non seulement il y a une distance de deux ans entre la composition de sept premiers livres et celle du huitième, mais encore que ce fut un autre annaliste et non le même, comme le laissent entendre MM. Dillmann et Zotenberg, qui fut chargé de la composition à la fois de ce huitième livre et plus tard même encore de celle du neuvième. Entre les rédactions de ces deux compositions la différence est si grande que l'on ne peut vraiment s'empêcher de ne pas hasarder la supposition que je viens de faire. Tant par le fond et la forme que par la couleur du style, les derniers livres diffèrent des 7 autres; si ceux-ci sont en effet de la chronique simple, sans prétention littéraire aucune, ceux-là doivent être considérés non seulement comme une chronique des plus parfaites, mais comme un commencement d'histoire. Les récits de deux batailles contre les Falachas et de la dernière répression du soulèvement turc peuvent figurer, à juste titre, dans un traité d'histoire.

Aussitôt après la post-face du septième livre, on lit ce qui suit: «C'est l'auteur de cette chronique qui parle: O mes frères qui la lirez, ne soyez pas offusqués, si le style n'en est pas beau et la diction sans ornements, car ce n'est pas la faute de l'auteur: il a écrit selon ses forces et ainsi que le saint-Esprit l'a dit: ce n'est ni pour recueillir de vaines louanges, ni pour rechercher la gloire éphémère de ce monde qu'il a écrit tout cela, mais pour pratiquer le précepte de Dieu, car l'Evangile dit encore: les esclaves obéiront à leurs maîtres. Ne soyez donc pas étonnés, ô savants, des erreurs de cet obéissant esclave et souvenez-vous du verset de l'Écriture: qui donc comprend les erreurs? Et c'est par ces paroles que je terminerai».

Il serait difficile de croire que le même auteur eût également écrit ces quelques lignes en se servant de la tierce personne, quand rien ne l'empêchait de parler de lui-même. J'avais d'abord pensé que c'était une addition faite par quelque copiste, afin d'excuser le peu de talent de l'auteur, mais je retrouvai cette addition dans le manuscrit de Londres [1] dont la copie est d'un siècle antérieure. Elle ne peut donc être que l'œuvre du second auteur, qui, prêt à commencer son excellent travail, a cru nécessaire sans doute d'implorer la bienveillance du public pour la chronique de son prédécesseur, chronique qu'il allait continuer.

---

[1] Dillmann, *Catalogus codicum manuscr. Biblioth Bodl.* Oxon, Pars VII, Codices aethiopici.

La préface du huitième livre commence ensuite par traiter de la première victoire remportée sur les Falachas. Voici de quelle façon l'écrivain avertit le lecteur: «Ecoute le livre qui renferme le récit de la terrible et terrifiante victoire qui stupifiera tout être pensant, et étourdira l'oreille de celui qui écoute. Que Dieu accorde seulement à notre langue la faculté de pouvoir la raconter et lui dise «eftahé», c'est-à-dire ouvre-toi et parle! de même qu'il a dit à un muet de parler et à un sourd d'entendre, et la langue de muet se délia et les oreilles du sourd s'ouvrirent et ils commencèrent à entendre et à parler juste. Nous aussi, à cause de nos faibles connaissances demandons à notre Seigneur Jésus-Christ de nous faire passer de l'ignorance au savoir et de la sottise à l'intelligence».

Cette sorte de préface n'est pas mentionnée par M. Dillmann, quand il parle du manuscrit, qui est au British-Museum. Aussitôt après, le chroniqueur nous dit qu'il a divisé *son* travail en autant de livres que Joseph fils de Korion avait divisé le sien, c'est-à-dire en huit. Ce qui est faux, car Josèphe Flavius a divisé son histoire des Juifs en sept et non en huit livres. Il ajoute ensuite: «Seulement nous ne savons pas si Dieu accordera de nouvelles victoires à ce roi vainqueur, pour que l'on doive ajouter d'autres livres à ceux que nous avons déjà écrits».

Cette dernière phrase ne peut être qu'étrange dans la bouche d'un écrivain, qui va commencer le huitième livre de la chronique et se demande déjà s'il faudra en ajouter d'autres à celui qu'il n'a pas encore écrit. Il serait plus logique d'admettre que ces quelques lignes furent transposées et que le véritable auteur en est le premier qui écrivit et divisa sa chronique en *sept* livres à l'instar de Josèphe, et qui put avec raison, à la fin de son septième livre, se demander si dans l'avenir il y en aurait d'autres à ajouter à ceux déjà composés.

Enfin, comme préface au neuvième et dernier livre, nous trouvons ce qui suit: «O mes frères savants, lecteurs ou auditeurs de *ce* livre, si vous trouvez des erreurs dans le récit, sachez que c'est à cause de l'ignorance et de la sottise. Vous excuserez donc ces erreurs quand vous les rencontreriez, car le savoir des mortels est limité et jamais parfait. Si j'ai évité d'ajouter de trop grandes louanges, j'ai écrit toutefois ce que j'ai entendu et vu par moi-même. Bénis, ô Seigneur Jésus-Christ, avec la grâce de l'Eglise, le début de ce livre qui révélera les mérites du roi victorieux Malak-Sagad. *Cette bénédiction que nous invoquons n'est pas pour toute la chronique, mais uniquement pour le neuvième livre.* Fais aussi que notre langue enfante de belles paroles, donne-nous un style vigoureux afin de pouvoir écrire l'histoire de ce roi auguste, déchire le voile de l'ignorance et de la sottise et envoie-nous Paraclet qui fait éviter les puérilités et préserve de la trop grande sagesse».

Voyons maintenant de quoi traitent les neuf livres de cette remarquable chronique.

Le premier livre nous rapporte les persécutions que Sartsa-Dĕngĕl, encore enfant, eut à endurer à son avénement au trône. Proclamé et aussitôt renversé et abandonné par les nobles, il dut fuir avec quelques protecteurs pour échapper à la fureur de ses parents. Après des souffrances sans nombre il parvint à gagner à sa cause les Tschéouo. A la tête de cette armée, renforcée par celle du gouverneur du Lamot, Azmatsch-Taklo, il marche contre ses usurpateurs.

Dans les livres II, III et IV il est question de la défaite de Hamalmal et de Fassilo, parents du roi.

Le V⁰ livre relate la triple victoire remportée sur des Gallas, nommés les Azés, puis sur d'autres Gallas et enfin la grande défaite des Maures.

Le VI⁰ et VII⁰ livres parlent de la bataille avec le bâharnaggâch Yéshaq, allié aux Turcs, et l'échec terrible de ces derniers. Le roi se fait ensuite couronner à Axum selon toutes les cérémonies du pays, en la 16⁰ année de son règne et à l'âge de trente ans.

Dans le huitième livre on trouve avec une étonnante abondance de détails le récit de l'expédition contre les Falachas, dont les chefs, Kalef et son frère Radaü, tombent entre les mains du roi. A mon avis, c'est le meilleur livre de la chronique comme fond et comme forme.

Enfin, le livre IX rapporte la seconde expédition contre les Falachas et à six ans de distance. L'armée royale aurait péri toute entière, vaincue par la faim et le froid, si un stratagème n'eût fait tomber l'imprenable forteresse. Il est encore parlé dans ce IXe livre de quelques batailles avec d'autres peuplades, les Gallas surtout, et enfin de la répression du soulèvement turc. Vers le milieu de ce livre, le plus long de tous, le chroniqueur nous régale d'un épisode d'une extrême longueur, ayant trait à la conversion au christianisme d'une peuplade nommée les Enaryas que le roi baptisa lui-même. La traduction de ce morceau, qui n'a rien moins que 10 feuillets, m'a causé, je l'avoue, un véritable désespoir tant par les fatigantes répétitions que par les difficultés que présentait le style. Néanmoins ce développement ne m'a pas été sans quelque utilité, puisque pour un point historique il m'a offert l'occasion de réfuter Bruce et de justifier une fois de plus le peu de foi que méritent ses récits.

Ce livre se termine par le récit incomplet d'une expédition contre les Gambo. Les chroniqueur s'arrête alors brusquement au milieu. Puis le récit reprend à la mort du roi et des gens de mérite qui vécurent sous son règne. Ce récit est compris dans une page et paraît avoir été ajoutée très tard, après la mort du roi. [1]

Il me reste encore quelques mots à dire avant de finir ce chapitre. Cette chronique me parait être la meilleure de toutes. Elle est écrite, comme toutes les autres, en gĕ'ĕz, langue littéraire du pays et parsemée d'un grand nombre de termes *amariña*, c'est-à-dire de termes empruntés à tous les dialectes parlés en Abyssinie. Je n'ai même pu trouver nulle part la signification de plusieurs de ces termes, mais je crois les avoir compris d'après les sens général de la phrase. Le

---

[1] Dans le manuscrit du British-Museum le livre 9 se termine ainsi : «Inchoatus est hic liber jussu Malak-Sagad regis ; ad finem perductus est auxilio Domini nostri Jesu Christi, cui potestas supra omnia et penes quem consummatio omni verbi est. Gloria sit Deo, super nos autem sit miseratio (Dillmann, p. 80).

style est simple, sans ornements, dans la première partie qui a été écrite d'un seul trait, le récit en est excellent et prouve que l'auteur avait des tendances romantiques, de sorte que presque chaque livre se termine par un morceau à effet. Quant aux seconde et troisième parties, livres huit et neuf, le style en est énergique, de longue haleine et parfois même artistiquement travaillé. Nous sommes loin de cette phraséologie banale et fatigante, où presque toutes les phrases commencent par «ouaëmëz, ëmdëhraz» ou autres conjonctions qui donnent un aspect d'uniformité au style éthiopien. La phraséologie est déjà plus compliquée, coulante, et offrant les mêmes particularités qu'un style occidental. Qu'on lise ces deux derniers livres que j'ai rendus d'une façon tout-à-fait littérale, et l'on verra combien grand est le mérite de cet ouvrage qui dépasse en valeur historique et littéraire tout ce qui a été écrit jusqu'à nos jours en Abyssinie.

C'est avec un réel plaisir que j'ai entrepris de la traduire, bien que souvent certains passages fussent très difficiles à rendre. Ma seule satisfaction est d'avoir été le premier à faire connaître aux spécialistes éthiopisants qui se nourrissaient de Bruce, l'existence de la plus importante chronique éthiopienne et d'avoir contribué à remettre en lumière le plus grand des monarques abyssins.

II

C'était le 6 du mois de yakâtit (13 février 1563). Au retour d'une rencontre malheureuse avec les Turcs, le roi Admas Sagad, atteint par la fièvre du pays, rendait le dernier soupir. Il eût été dangereux d'annoncer sa mort au peuple, car en telle occurence et suivant la coutume éthiopienne, la révolte se fût emparée de tous les esprits. On tint donc cachée cette nouvelle; et le soir du même jour, les grands du royaume se réunirent en conseil pour délibérer lequel des princes il fallait proclamer sans retard. C'était à eux en effet, qu'incombait le devoir d'élire un successeur, au cas où de son vivant même le roi ne l'eût pas désigné. C'était le cas présent.

Cependant la plupart d'entre eux, nourissant une hostilité secrète contre le roi défunt dont la sévérité les avait blessés, trouvèrent le moment favorable pour ne plus déguiser et la faire paraître au grand jour. Aussi prirent-ils le parti de Hamalmal, cousin d'Admas Sagad et possesseur d'une grande partie de la province de Godjam. Ils soutinrent donc sa candidature au trône. Les débats furent très vifs et malgré la forte opposition des nobles, le fils aîné du roi obtint la majorité. [1]

Malheureusement, le jeune prince, qui n'avait alors que 14 ans [2], monta sur le trône en un temps où le triste état du pays, que des défaites succesives et si rapprochées n'avaient fait qu'aggraver, avait plus que jamais besoin, pour se relever, d'un prince auquel ni l'âge ni la force n'eussent fait défaut. La guerre menaçait d'éclater sur tous les points et les ennemis coalisés n'attendaient plus que le moment opportun pour se ruer sur le pays comme sur une proie et se le partager. D'un autre côté, comme si les ennemis extérieurs n'eussent pas sufli, des luttes intestines dirigées contre le pouvoir royal se déclaraient chaque jour. Et ces dissensions étaient fomentées par les parents du roi, qui, vexés de se voir remplacés par un enfant sans expérience, furieux de leur rôle subalterne, avaient pris la résolution, d'accord avec les gouverneurs des provinces, de s'emparer du trône à tout prix.

C'est chose fort ordinaire, soit dit en passant, de voir dans l'histoire de l'Abyssinie des gouverneurs et des généraux se révolter en tout temps, se trahir mutuellement, jeter ce malheureux pays dans une suite infinie de luttes intestines et dans l'unique but d'assouvir leurs convoitises personnelles.

---

[1] Bruce (Voyage etc. t. IV, p. 323) dit qu'Admas Sagad laissa trois fils : Sartsa-Dèngël, Taskar et Lesana-Christos; puis (t. V. p. 7) que le même Admas eut 4 fils : Sartsa-Dèngël, Aquieter, Abaté et Lézara-Christos. Comprenne qui pourra!

[2] Bruce (t. IV, p. 328) dit qu'il avait 12 ans à l'avénement.

A la tête de ces intrigants nous remarquons d'abord Ha-malmal fils de Romana-Ouarq, sœur de Lëbna-Dëngël, par conséquent cousin d'Admas Sagad; puis Rom Sagad et Fassilo dont nous ignorons le degré de parenté avec le roi; enfin le bâharnaggâch Yëshaq, gouverneur d'une province limitrophe à celle qu'occupaient les Turcs. Or, le voisinage de ces derniers pouvant lui procurer une alliance ne faisait qu'accroître l'ambition qu'il avait d'enlever au roi sa couronne, soit afin de la garder pour lui-même, soit pour la remettre à une de ses créatures.

On croirait que le trône, entouré et menacé par tant de compétiteurs et d'ennemis de la vraie foi, ne pouvait que fort peu exciter la convoitise. Toutefois, trois mois s'étaient à peine écoulés que le jeune prince était abandonné de son armée et renversé par les grands eux-mêmes qui l'avaient proclamé. Il se tint caché pendant quelque temps et résolut ensuite de fuir avec son jeune frère pour se soustraire à la poursuite acharnée de ses adversaires, qui avaient mis sa tête à prix.

A partir de ce jour va se dérouler pour eux une longue chaîne de souffrances. Ils traversent des déserts, montant tour-à-tour une mule borgne et boiteuse, passent deux grands fleuves débordés, l'Abaï et le Romé, et sont sans cesse poursuivis par l'angoisse de se voir arrêtés à tout instant. Ils peuvent cependant parvenir jusqu'à Sébrad. Dans cette ville ils gagnent rapidement les Tschéouo à leur cause et se mettent à la tête de 3.0 cavaliers et d'autant de fantassins.

Il y avait alors dans l'Abyssinie, dans chaque province, des gens qui, n'exerçant aucun métier lucratif, n'employaient leur temps qu'à se perfectionner dans le maniement des armes; aussi étaient-ils des soldats très expérimentés et les plus courageux en cas de guerre. Les rois s'en servaient toujours chaque fois que leur présence était nécessaire. Sartsa-Dëngël seul sut en tirer d'immenses profits, en faisant d'eux le bataillon le plus redoutable de son armée et c'est grâce à eux qu'il put gagner ses plus grandes batailles. Ces braves soldats, qui regardaient en face fusils et canons et se faisaient tuer jusqu'au dernier, étaient les Tschéouo.

Avec ces quelques vaillants, et renforcés par des troupes de cavaliers et de fantassins amenés par Azmatsch-Taklo qui venait d'abandonner Hamalmal, le roi pouvait désormais attendre le rebelle de pied ferme.

Sans perdre du temps, Hamalmal s'approche du roi et le défie en campant en face de lui. Mais après quelques escarmouches désastreuses pour le premier, et après mûre réflexion, il s'enferme dans une espèce de lieu fortifié, tant pour s'y trouver en sûreté que pour empêcher ses soldats de déserter.

En effet, les désertions ont été de tout temps très fréquentes en Abyssinie. Dès que le succès paraissait incertain, les soldats fuyaient journellement par dizaines ou centaines et passaient sans scrupule aucun dans le camp ennemi. La contagion de l'exemple entraînait ensuite les officiers, qui étaient bientôt suivis des généraux eux-mêmes. Et c'est ainsi qu'on voyait les chefs imiter leurs soldats. Le malheureux Claudius, servi seulement par quelques fidèles et délaissé par toutes ses troupes, ne trouva-t-il pas la mort en combattant la puissance maure !

Hamalmal put toutefois résister trois mois durant dans sa forteresse, mais bientôt vaincu par la famine, il fut assez intelligent pour informer le roi de sa soumission. La forteresse capitula et le roi y entra en vainqueur. En homme généreux et clément, il ne se vengea point. Loin de condamner le prince à mort ou du moins de l'incarcérer pour le reste de sa vie dans quelque prison de montagne, sort inévitable à toute autre époque, il lui pardonna, le reçut avec bienveillance et amabilité, et lui rendit sa dignité. Tous ses partisans, et parmi eux Rom-Sagad, eurent le même sort.

Cette mansuétude du jeune roi ne reçut cependant pas toujours en échange la reconnaissance qu'elle méritait ; c'est cette douceur même qui rendait les ennemis audacieux et les décidait à tout entreprendre, sûrs qu'ils étaient d'être ensuite pardonnés.

Aussi, à peine venait-il d'infliger une défaite à Hamalmal et de lui pardonner, que deux jours après, Fassilo, autre parent du roi, surprenait ce dernier pendant qu'il assistait avec sa famille au service divin dans une église, l'obligeait à fuir, faisait piller le camp royal et même dépouiller de leurs vêtements hommes, femmes et enfants. Mettre à nu les vaincus est encore une coutume éthiopienne et des plus indéracinables de ce peuple.

Quelque temps après, Fassilo, ayant envoyé de nombreux cadeaux aux nobles du royaume afin qu'ils prissent son parti, rentra dans les bonnes grâces du roi. Défendre ou trahir les intérêts du roi selon leur intérêt personnel, telle était leur devise. Vendre leurs faveurs et recevoir en échange quantité de présents, tel était leur rêve. Parfois même, nous dit la chronique, ces nobles allèrent jusqu'à sacrifier la Religion à leurs propres intérêts ; ainsi sous le règne d'Admas-Sagad, ils avaient refusé à une peuplade païenne, nommée les Enaryas, de la convertir au christianisme, calculant qu'il valait mieux qu'elle restât païenne, afin de prelever le tribut annuel imposé aux idolâtres.

En revenant dans le camp, la première pensée de Fassilo fût de l'espionner et de concevoir de traîtres projets, mais comme ces projets n'eurent point dans la suite le résultat qu'il en attendait, il se déclara ouvertement contre le roi, et faisant cerner le camp par ses troupes, il le mit naturellement dans l'impossibilité de se défendre.

Cette seconde trahison de Fassilo resta longtemps impunie. L'armée royale s'était dispersée ou avait regagné les provinces pour y passer la saison d'hiver. Le roi avait aussi dû se résigner et attendre le moment où il pourrait se remettre à la tête d'une autre armée. Plus tard nous verrons des armées entières apparaître et se former au seul appel du roi et l'accompagner dans tous les combats avec enthousiasme, mais en ce temps-là, personne n'avait encore confiance en lui et les soldats se faisaient attendre. Enfin Azma sch-Taklo, illustre officier de Sartsa-Dèngël que nous verrons dans la suite remporter de nombreux succés pour la cause du roi, et qui, peu de temps avant, était tombé en disgrâce, parce qu'il n'avait pas donné aux nobles autant de présents que Fassilo, vint rejoindre le roi avec un autre officier nommé Ghiorghis-Hailé, et tous deux lui offrirent leurs services.

Ils allèrent trouver le rebelle dans le Damot. Celui-ci s'enferma avec ses troupes dans une forteresse, et, après quelques mois de combats, on le défit. Peu à peu ses soldats l'avaient abandonné pour aller peupler le camp du roi, et l'armée de celui-ce s'était tellement augmentée par ces nouvelles recrues que plus de la moitié de ses soldats dut se tenir hors du camp. Qabaza-Taklo, commandant des troupes de Fassilo, alla d'ailleurs bientôt les rejoindre. Trahi, éperdu, Fassilo essaya de prendre le chemin d'Amhara pour se rendre auprès de Yéshaq et lui demander son appui, mais l'infortune s'attachait déjà à ses pas : il fut arrêté en route, chargé de chaînes et transporté dans une île nommée Dâq. La forteresse, naturellement, se rendit et un carnage inouï s'ensuivit, car Fassilo avait déjà trop excité la colère royale tant par ses trahisons que par son entêtement. Le roi lui avait envoyé, avant qu'il ne s'enfermât dans la forteresse, l'abouna Yosab pour lui proposer de se soumettre, afin que l'on épargnât le sang chrétien, mais le rebelle l'avait renvoyé avec cette fière réponse : «Dites au roi que je n'ai point d'affaires avec lui». Ce fut la première fois que le roi perdit sa douceur naturelle, et fit voir qu'il savait aussi bénéficier de ses victoires.

Les trois compétiteurs au trône, Hamalmal, Rom-Sagad et Fassilo, qui avaient rendu si amères au jeune roi les trois premières années de son règne, et menacé de jeter le pays dans une crise terrible, n'étaient maintenant plus à craindre. Les provinces de Godjam et de Damot, théâtres de ces guerres intestines, reprirent également le repos, dont elles avaient besoin. Il ne restait plus que le nord de l'Abyssinie; c'est là qu'était l'ennemi principal qui, de concert avec la puissance turque à laquelle il avait cédé un grand territoire, menaçait d'envahir un jour le pays tout entier. Voilà l'ennemi que le roi eût dû attaquer sans retard et réduire à l'impuissance.

Cependant, soit que cet ennemi se trouvât trop éloigné, soit que le roi ne disposât pas encore d'assez grandes forces pour entreprendre une pareille expédition, soit enfin qu'il y eût à punir d'autres ennemis plus rapprochés, le châtiment du rebelle fut remis à une époque plus lointaine.

III

Le peuple qui a fait le plus de mal à l'Abyssinie est celui des Gallas. Elle a eu en effet à en souffrir plus que par ses guerres civiles. Bien que ces Gallas occupent au sud de ce pays un territoire plus grand que celui de la France entière, ils se sont peu à peu approché des limites des provinces éthiopiennes. Une partie de ces tribus, qui portent une quantité innombrable de noms, se fixèrent à l'orient du pays et sur presque toute sa longueur, dans les contrées de Daouaro, de Fatigar, d'Ifat, de Gadam, d'Angot. Elles refoulèrent a l'intérieur les premières peuplades et finirent par les chasser complétement. Une autre tribu s'établit autour de la province de Choa et même dans son intérieur ; enfin une dernière marcha vers l'Occident et réussit à s'introduire dans les provinces de Godjam, de Damot, de Dambia et de Bégamédér.

Toutes ces tribus de Gallas, soit en deçà soit au delà des frontières, se faisaient un devoir d'aller tous les ans opérer des razzias sur quelque territoire chrétien. Elles mettaient tout à feu et à sang et enlevaient les troupeaux et les grains. Une fois chargées de butin elles revenaient chez elles, attendant l'année suivante pour repartir en expédition.

Il ne faudrait pas croire que ces cruautés restassent impunies : les rois d'Abyssinie ne manquaient jamais d'en tirer une ample vengeance. Maintes fois même ils se jetaient sur les Gallas avec une telle fureur que pas un n'échappait. Parfois encore, pour un simple prétexte religieux, on allait chercher ces malheureux sauvages et on les massacrait sans pitié. Aussi pourrait-on affirmer que ces guerres à outrance, qui se succédèrent durant plus de trois siècles, ne tendirent qu'à la destruction commune.

On a exagéré en présentant ces sauvages comme des bêtes fauves altérées de sang et ne possédant que des instincts d'une férocité inouïe. Qu'on lise les chroniques éthiopiennes et l'on verra que les Éthiopiens ne faisaient pas preuve d'instincts meilleurs, quand ils massacraient des tribus entières de Gallas et allaient même, pour les passer au fil de l'épée, jusqu'à les faire sortir des cavernes, des fosses, des précipices ou des montagnes où elles avaient cherché refuge. Il n'est donc pas étonnant que des peuplades ainsi pillées et réduites à la famine, aient cherché à leur tour à se venger afin de reprendre ce qu'on leur avait enlevé!

La première pensée de Sartsa-Dêngêl, après la défaite de ses parents fut d'aller punir quelques tribus de Gallas orientales, qui, quelque temps auparavant, avaient sans doute ravagé une partie de l'Abyssinie et enlevé les récoltes. Ces Gallas, nommés Azés, ainsi que leurs semblables, n'avaient point de discipline dans leurs combats. Comme une nuée de sauterelles, ils arrivaient pêle-mêle avec leurs bœufs, leurs femmes et enfants et recouvraient toute la plaine : de sorte qu'ils étaient facilement mis en déroute et taillés en pièces avant d'avoir eu le temps de fuir.

Dans une autre bataille avec les Gallas de Hadya, un tout petit royaume situé à l'est de l'Abyssinie et gouverné par un chef nommé bacha, le roi fut de nouveau vainqueur, bien que l'ennemi disposât d'une armée de mille cavaliers, dont 300 malassaï, soldats fort instruits dans l'art de la guerre, et d'un nombre incalculable de porteurs de boucliers, «dont Dieu seul pouvait savoir le chiffre». Tout le mérite de la victoire revint aux quêrbans, milice extrêmement vaillante qui composait la garde du roi.

Deux semaines plus tard, rassemblant ses troupes errantes qui avaient échappé au massacre, le bacha tenta une dernière fois le sort des armes. Takla-Ghiorghis, capitaine du roi se met à la tête de l'armée et extermine les ennemis. Le royaume de Hadya est saccagé, passe en la possession du roi et Takla-Ghiorghis en est nommé gouverneur.

Quatre ans plus tard, les Gallas d'Ouadj, ne disposant d'aucune milice disciplinée furent chassés du pays, poursuivis rigoureusement et la majeure partie massacrée. L'année suivante les Gallas de la province de Choa furent presque anéantis par Azadj-Halib, capitaine du roi.

Jamais les Gallas n'avaient supporté d'échecs successifs aussi rudes, de sorte que le roi devint pour ces malheureux un objet de terreur. Dès qu'ils étaient informés de sa venue, ils étaient saisis d'effroi et se sauvaient aussitôt avec leurs femmes, enfants et animaux, se dispersant comme la fumée sans laisser la moindre trace. Vers la 20ᵉ année de son règne, les Gallas, nous dit la chronique, disparurent de toutes les contrées par suite de l'épouvante que leur inspirait la juste colère du roi, dont ils s'étaient tant de fois rendu compte. C'est en vain que le roi allait partout les chercher, ils ne donnaient plus signe de vie. Ajoutons que fait pareil ne s'est produit sous le règne d'aucun autre roi antérieur ou postérieur.

Il était un autre ennemi non moins dangereux que les Gallas pour l'Abyssinie, et cet ennemi était les Maures. Peuple éminemment commercial, les Maures s'étaient de bonne heure fixé le long des côtes de la Méditerrannée et de l'Océan Indien, y établissant des centres commerciaux pour le transport des marchandises allant aux Indes ou en venant. Ils se mirent en contact avec les rois abyssins, qui ayant besoin d'eux pour l'échange des marchandises, leur accordèrent des terres où ils vécurent en repos et s'occupèrent de leurs affaires. De tributaires, ils devinrent plus tard maîtres des provinces qu'ils occupaient et refusèrent les premiers de payer l'impôt dû aux rois abyssins, à moins qu'une armée ne vint le lever par force.

Une haine profonde s'éleva bientôt entre les deux peuples, haine qui alla chaque jour croissant, et qui devait entrainer tôt ou tard la destruction de l'un ou l'autre peuple. Les Maures haïssaient les Abyssins parce que ceux-ci, jaloux de leur prépondérance commerciale et de leurs grandes richesses, venaient toujours les attaquer dans leurs contrées et incendiaient leurs marchandises ou les leur enlevaient. De leur côté les Abyssins détestaient les Maures parce que, lésés dans leurs affaires, ils ne manquaient point de venir tirer vengeance sur le sol éthiopien, en massacrant la population et en enlevant, à défaut d'étoffes, les Abyssins eux-mêmes, qu'ils réduisaient en esclavage et allaient vendre à grand prix en Arabie ou dans toute autre contrée de l'Asie.

Chaque peuple avait bien pour lui quelques victoires, mais les Maures avaient remporté leurs plus grands succès sous le règne de l'infortuné Lébna-Déngël : l'Abyssinie entière était à leurs pieds et il ne dépendait que d'eux de lui porter le coup fatal. Cependant, trop enorgueillis par leurs victoires successives, ils n'y avaient pas songé et s'étaient contenté de saccager le pays et d'amener en captivité une grande partie de la population.

Claudius et surtout Sartsa-Déngël, son neveu, ne manquèrent pas de traiter le royaume d'Adel comme les Maures avaient négligé de le faire pour l'Abyssinie. Dans deux rencontres avec le premier, le fameux Grañ, la terreur des Abyssins, périt avec la majeure partie de son armée. Son pays est dévasté, ruiné, mais pas assez toutefois pour qu'il ne pût un peu plus tard se relever pour tenter le sort des armes.

La première fois, conduite par un bacha turc, l'armée maure a la bonne fortune de défaire Claudius, que ses troupes ont lâchement abandonné, et commence après cette victoire à regagner de ses forces perdues. Elle tente une seconde fois sous Sartsa-Déngël, mais c'est son dernier essai et sa dernière bataille.

Un roi maure Mahamad pénétra dans quelques contrées chrétiennes qu'il ravagea entièrement, et non content encore il massacra la majeure partie des nobles d'une tribu galla, qui payait un tribut au roi Sartsa-Déngël. Le roi dut supporter avec patience ces fantaisies du roi d'Adel, gêné qu'il était alors par le bàharnaggàch Yéshaq; mais à bout de patience, il envoie des présents à Yéshaq pour acheter son repos et se prépare à aller punir le Maure.

En effet, avec les troupes du Godjam et du Damot, il va camper en face de l'armée maure sur l'autre rive du fleuve Ouabi. Les deux armées ne tardèrent pas à en venir aux; mains ce fût une lutte à outrance, et comme elle se prolongeait, les ennemis par précaution se séparèrent pour s'enfermer dans des forteresses improvisées. Ils y restèrent durant neuf mois et n'en sortaient que pour combattre de temps en temps.

Dans ces rencontres isolées, le roi avait toujours le dessus. Les soldats maures commencèrent aussitôt à déserter et à venir dans le camp royal. Certain jour, dit le chroniqueur, les troupes des deux camps étant sorties, un général maure, Hadya-Garad-Djafar, tomba et l'armée maure regagna la forteresse, laissant derrière elle un grand nombre de morts. Elle n'osa plus sortir les jours suivants. Quant à Mahamad, voyant les desertions devenir de plus en plus fréquentes et craignant de se voir bientôt abandonné, il prend la résolution de fuir. Mais les nobles, ayant deviné ses intentions, en décidèrent autrement. Afin d'obtenir le pardon du roi Sartsa-Déngël, ils s'emparent du malheureux prince et l'envoient vivant en présent au roi. Celui-ci éprouva une grande joie, et ne voulut pas le faire tuer. Il manifesta seulement son vif désir de l'envoyer à la reine, pour que la personne même du prince témoignât de la victoire qu'il venait de remporter. Cependant les grands du royaume insistaient pour qu'on mît à mort l'infidèle. Cédant à leurs prières, le roi permit qu'on lui tranchât la tête.

J'ai résumé avec intention le récit de cette bataille afin qu'il puisse être comparé à celui qu'en a fait Bruce, et qui est tout imaginaire. Pour préciser davantage, je répète encore une fois que le voyageur anglais, en ce qui concerne le règne de Sartsa-Déngël, n'a fait que se servir d'un abrégé de l'histoire éthiopienne et à suppléé à ce résumé, déjà rempli d'erreurs, par de pures inventions. Voyons d'abord ce que dit l'abrégé: «En la 14ᵉ année de son règne le roi marcha contre Mahamad, lui livra bataille dans la vallée d'Ouabi, le mit en fuite et passa l'hiver à Zahondour».

Bruce a développé ces deux lignes en trois pages, ayant voulu donner des détails pour laisser croire qu'il avait compulsé de grosses annales éthiopiennes. Or, il décida de transporter le théâtre de la guerre près du fleuve Ouabi afin d'y noyer l'armée maure. Celle-ci, ne s'y attendant pas le moins du monde, est tout à coup surprise par l'arrivée subite du roi. Son aspect la frappe de terreur. Ecoutez plutôt : «Aussitôt Mohamed craignant d'avoir un autre ennemi derrière lui, effrayé de se trouver entre deux armées, se décide à passer la rivière. Mais il le fit avec tant de précipitation et de désordre, que les Abyssins n'eurent qu'à égorger les Maures à mesure qu'ils passaient le fleuve. Une partie des cavaliers, voyant le sort de ceux qui traversaient la rivière à l'endroit où elle était guéable, tentèrent au-dessus et au-dessous du gué de la passer à la nage : mais bien que le courant fût peu rapide, les équorres (?) étant élevés presqu'à pic, la plupart des cavaliers se noyèrent n'ayant pu faire passer leurs chevaux à terre. D'autres furent écrasés à coups de pierre, ou percés à coups de lances. Quelques uns d'entre eux eurent pourtant le bonheur de passer très loin du gué avec leur roi Mahomed, qui, laissant le reste de l'armée derrière lui, s'échappa sans être poursuivi et alla lui même porter à Adel la nouvelle de la défaite.»

On a vu d'après le recit que j'ai résumé selon ma chronique, qu'il ne s'agit pas d'un seul jour, mais d'un intervalle de plus de neuf mois ; que ce fut le roi abyssin qui passa la rivière pour aller camper en face du maure ; qu'il n'est question d'aucune bataille près d'un fleuve qu'enfin le roi d'Adel eut la tête tranchée et ne retourna point en Adel porter la nouvelle de sa défaite. Qu'étaient donc ces grosses annales que Bruce a résumées !

Apés cette victoire décisive, la puissance maure s'éclipsa. Son royaume déchut et tomba partie entre les mains des Gallas, partie au pouvoir des janissairs turcs. Ces derniers gardèrent les côtes. De tout ce puissant royaume, qui fut jadis la terreur de l'Abyssinie, sa capitale Aoussa seule subsista. Peu de temps après son nom lui-même était oublié.

IV

La puissance maure était détruite et mise dans l'impossibilité de jamais sortir de son anéantissement. Tout danger était donc conjuré sur les frontières orientales de l'Abyssinie, si longtemps menacées et envahies par les Gallas et les Maures, leurs pires ennemis. Il ne restait plus au roi qu'un seul adversaire à punir et c'était le plus entêté et le plus traître de tous, le bâharnaggâch Yéshaq.

Ce bâharnaggâch gouvernait une province de l'Abyssinie, comprise entre le Tigré et la côte de la mer Rouge. Comme prince de la mer, le commerce tout entier du pays dépendait de lui. Il était considéré comme le plus grand fonctionnaire du royaume et par son influence on le mettait immédiatement après le roi. De bonne heure il avait mis les Turcs en possession du port de Massouah et de ses dépendances, afin qu'ils trafiquassent à sa place, car lui-même ne se sentait aucune aptitude pour le négoce; il exigea en échange la moitié de leurs bénéfices. En gens expérimentés, les Turcs feignirent d'accepter ces conditions et en peu de temps ils firent de Massouah le port le plus important de la mer Rouge, grâce a leur puissante flotte qui parcourait l'océan Indien dans presque toutes les directions. Par mesure de prudence ils y établirent une garnison de janissaires, en possesion d'une formidable artillerie, chose encore inconnue aux Abyssins, et fortifièrent même la ville du côté de l'Abyssinie. Au bout de quelques années seulement ils devinrent si redoutables à leur bienfaiteur, que celui-ci, craignant de s'attirer leur colère, et se croyant assez éloigné des rois abyssins pour pouvoir espérer leur secours, eut la faiblesse de leur donner aussi la ville de Débarouo, ainsi que toute la contrée s'étendant entre cette ville et Massouah. La ville de Débarouo était la principale porte et la moins difficile de l'Abyssinie. C'était pour ainsi dire la clef du pays. De ce point les Turcs pouvaient dominer tous les mouvements des rois abyssins, empêcher que rien ne pût sortir ou entrer dans le pays avant d'avoir passé par leurs mains, et ravager de temps à autre quelque province. Comme la ville de Massouah, la ville de Débaroua eut sa forteresse et fut bientôt pourvue d'une puissante artillerie.

Menacé de plus en plus par la puissance turque qui chaque jour allait grandissant, il vit poindre le moment où il allait perdre tout son territoire. Après la défaite de Claudius, Yéshaq pensa que la seule chose qu'il avait à faire était de s'assurer de l'amitié du bacha turc et de se mettre sous sa protection. Admas-Sagad, succédant à son frère Claudius, ne put laisser impunie une pareille lâcheté, et il marcha contre le bâharnaggâch Yéshaq. Le résultat ne correspondit point à ses vœux, car il fut défait. C'est du moins ce qu'affirme ma chronique dans un passage du long épisode concernant la conversion des Enaryas. Bruce dit cependant, au contraire des jésuites, que le roi sortit en vainqueur [1]. Il est regretable que Bruce se soit trompé encore une fois.

Je reproduis ci-dessous, dans l'intérêt de l'histoire, les deux passages concernant cette défaite:

Lorsque Admas-Sagad se proposa de faire la guerre au bâharnaggâch et aux Turcs, deux conseillers vinrent le trouver et lui dirent: «Notre avis serait que vous ne fassiez pas la guerre avec les possesseurs des canons et des fusils.» Mais le roi entra en colère et leur répondit: «Comment se peut-il que vous me parliez de lâcheté, quand il vous siérait mieux de m'assurer qu'il vaut mieux mourir que de voir la main de l'Islam amener l'extinction de la vraie foi et la ruine des églises!» Il alla en effet combattre les Turcs, mais le dénouement ne lui fut pas favorable. Le temps n'était pas encore venu où le fils devait venger la mémoire du père.

Dans un autre passage, il est dit que les Turcs de con-

---

[1] Bruce, t. IV, p. 323.

cert avec Yéshaq ayant essayé de s'emparer de la province
de Tigré, Admas-Sagad voulut, dans un élan de patriotisme,
délivrer la province et alla à leur rencontre. Mais les Turcs
le reçurent avec leur artillerie et leur armée fort disciplinée.
«Bienqu'il fût sans crainte, ajoute la chronique, et brulât
de mourir pour sa foi, comme son frère Claudius, le martyr,
il ne remporta pas la victoire, et il eût été infailliblement
perdu si la main de Dieu ne l'eût sauvé.»

Le traitre Yéshaq avait voué une haine mortelle à son pays.
Ennemi acharné du père, il le resta du fils. Aussitôt après
la mort du roi, de concert avec Hamalmal, il avait résolu
d'enlever au jeune roi sa couronne, afin de la remettre à
une de ses créatures, mais cette alliance ne fut qu'éphémère. Quatre ans plus tard, épouvantés par les succès du
roi et craignant qu'il ne vint l'attaquer à son tour, il fit des
propositions de paix, en envoyant même au roi un corps de
mille cavaliers et fantassins très instruits dans l'art de la
guerre et afin de lui prêter secours dans sa lutte contre les
Azés. En la neuvième année du règne cette paix fut renou-
vellée.

Cependant le bâharnaggâch était toujours ennemi déclaré
du roi. Sartsa-Déngel s'était en vain maintes fois efforcé de
le ramener dans la bonne voie en lui promettant les fonc-
tions qu'il lui avait enlevées. Rien n'y fit. Il avait soulevé
tous les gouverneurs des districts et lui-même ne cessait de
faire des préparatifs pour attaquer Sartsa-Déngel.

Le roi venait de vaincre le maure Mahamad et de se dé-
barasser ainsi d'un ennemi dangereux. Il crut alors le moment opportun pour aller punir ce rebelle qu'il avait si
longtemps ménagé. Débarassé maintenant de tous ses ennemis, il pouvait enfin mettre à exécution son désir trop longtemps contenu. Il part pour le Dambia afin de se rendre
dans la province de Tigré. En chemin, il extermine une tribu
de Gallas nommée les *Abatis*, qui revenait chargée de butin
et que Bruce croit à tort être des Falachas [1]. Mais à peine

---

[1] Bruce, t. IV, p. 353.

arrive-t-on dans le Dambia que les nobles, craignant l'artillerie turque, se disent fatigués et refusent d'avancer vers le Tigré. Ils supplient même le roi qu'il leur permette d'écrire à Yéshaq une lettre où ils lui demanderont pour la dernière fois s'il veut la paix ou la guerre. Le roi se rendit à leur prière.

Le bacha de Débarouo, dont l'unique occupation était d'amoindrir de jour en jour à son profit le territoire du bâharnaggâch, ayant eu connaissance de l'envoi de cette lettre et craignant que les deux princes coalisés ne vinssent l'attaquer, fit dire au dernier qu'il était prêt de faire cesser les hostilités et de lui offrir son secours contre le roi. Yéshaq accepta de grand cœur et envoya aussitôt au roi, en signe de réponse, deux boulets de canons et une lettre ironique finissant par ces mots: «C'est sous la protection du possesseur de ces boulets que je me suis plié, car j'ai eu peur de mon Seigneur!»

Cette réponse mit le roi en une telle fureur qu'il donna aussitôt l'ordre du départ par la voie la plus courte, bienque la plus dangereuse. Quelque temps après, l'armée campait dans une petite localité nomée Adhacharo, juste en face de la ville de Tsaftsaf où se trouvait Yéshaq. Celui-ci fut frappé de terreur à l'arrivée imprévue du roi, qu'il croyait encore dans le Dambia. Aussi avait-il renvoyé ses soldats dans leurs foyers pour leur faire prendre un peu de repos, car il pensait que le roi retarderait beaucoup encore sa résolution de l'attaquer. Cependant la ville toute entière était sûre de la venue du roi et s'en réjouissait, car les habitants mêmes de son territoire haïssaient ce traître, qui ne mit aucun scrupule à user de moyens si condamnables et dans le seul but d'assouvir sa propre ambition.

De Tsaftsaf, où il était peu en sûreté et avec les quelques troupes qu'il put rassembler, il va à Balassa; là, il est bientôt assiégé par un général du roi. Tout à coup, abandonnant le camp, il prend la fuite et va à Débarouo porter au bacha la nouvelle de son malheur, et lui demander le secours promis. Le bacha ne montra plus le même empressement. Et Yéshaq ne put vaincre son hésitation qu'en lui énumérant tous les avantages qui résulteraient d'une victoire. Il finit par céder.

Le bacha et Yéshaq, à la tête d'une armée considérable, bien disciplinée, composée en grande partie de janissaires et précédée d'une puissante artillerie, vinrent camper en face de Maïkal-bahér où se trouvait le roi. L'armée royale, malgré les Tschéouo, les quĕrbans et les haouach, soldats vaillants et exercés, était d'une infériorité évidente. Une grande partie de cette armée était composée de gens presque nus, venus de tous les côtés, portant des lances et des javelots, armes fort peu redoutables, et qui ne combattaient d'ailleurs que dans l'espoir d'un riche butin.

Le combat s'engagea le 21 de hadar et comme il était facile de le prévoir, les troupes royales épouvantées prirent la fuite devant l'artillerie turque et vinrent en désordre se réfugier au pied d'une montagne, dont la hauteur fut aussitôt occupée par le bacha, qui fit pointer les pièces d'artillerie six heures durant sur ces malheureux répandus dans la plaine. Toute l'armée eût certainement péri, si elle eût tardé plus longtemps à en venir aux mains. Aussi le roi se décida-t-il à sortir de la défensive et à envoyer les quĕrbans, qui devaient gravir la montagne et mettre alors les Turcs en déroute. Ces braves combattirent en désespérés et beaucoup périrent avant même d'avoir atteint le faîte de la montagne. Le nombre des morts fut considérable des deux côtés.

Le jour de cette mémorable bataille, le lundi 25 de hadar, Yéshaq, craignant une fatale issue pour lui et le bacha, pensa qu'il était temps encore de faire au roi des propositions de paix. Il lui envoya donc une députation. Avant que la guerre n'eût commencé, le roi avait encore écrit de son côté au bacha une lettre dans laquelle il lui offrait de l'or au cas où il consentirait à rester neutre dans la lutte contre Yéshaq, mais le bacha ayant rejeté ses offres, le roi avait juré de se venger. Aussi, quand la députation arriva, il la chargea de répondre qu'il acceptait les propositions de Yéshaq, à la condition qu'il se séparerait du bacha. La demande du roi, quoique fort juste, parut inacceptable au bâharnaggâch. Il lui sembla qu'abandonner ou plutôt trahir le bacha, quand celui-ci lui avait prêté son secours, c'eût été commettre une lâcheté et cette lâcheté répugnait au traître Yĕshaq. Il répondit: «Si le roi désire réellement faire la paix avec moi, qu'il donne de l'or au bacha pour que celui-ci consente à retourner dans son pays».

Cette réponse de Yĕshaq provoqua chez le roi une telle fureur qu'il fit le serment de faire trancher la tête à quiconque se présenterait encore de la part de cet homme. Les choses en étaient à ce point, quand, pour éviter les rigueurs de la guerre, le bacha et Yĕshaq s'enfermèrent dans un lieu fortifié ambâ. Mais le 1 du mois de tahĕhach, étant sortie de cet ambâ, l'armée turque livra bataille au roi. Bientôt mise en déroute, elle prend la fuite et regagne en toute hâte la forteresse après de nombreuses pertes, laissant derrière elle quelques canons et étendards.

Le 13, jour fatal pour les musulmans, malgré l'opposition du bacha, Yĕshaq tenta de nouveau le sort des armes. Ce fut pour la dernière fois. Le roi disposa son armée en ligne de bataille, mit sur l'aile droite Takla-Ghiorghis, sur l'aile gauche Dahragot et se plaça lui-même au centre de façon à comander l'armée toute entière. Malgré le feu de l'artillerie et le bruit épouvantable des canons, les troupes de Takla-Ghiorghis livrèrent un assaut, pénétrèrent les rangs turcs et y firent un grand carnage. Dans la déroute Yĕshaq même, qui courait d'un endroit à l'autre pour ranimer par sa présence le courage chancelant des siens, reçut d'un soldat de Yohanĕs, fils de Robel Madabaï, un si terible coup de lance dans le dos qu'il tomba de son cheval et ne tarda pas à expirer. On dit qu'ensanglanté et agonisant il voulut encore qu'on le remit sur son cheval afin de combattre, mais sa tête fut portée au roi.

Le bacha, son émule, n'eut pas un meilleur sort. Monté sur un cheval superbe, il était revêtu d'une cuirasse et la tête était couverte d'un diadème en fer doré ; un poignard d'or pendait à la ceinture ; au côté droit était aussi un sabre et de la main il brandissait un *salafin* de la même matière.

Yonaël, homme très vaillant, l'ayant aperçu, lui perça la poitrine d'un coup. Étant tombé de cheval, il s'empara de son sabre d'or et lui en coupa la tête qu'il porta au roi.

Un grand carnage s'ensuivit et l'ambâ fut pris d'assaut. L'artillerie turque toute entière, les étendards, les richesses de toutes sortes tombèrent entre les mains du roi. La joie fut immense dans le camp et l'on passa toute la nuit qui suivit ce jour mémorable à festoyer et à chanter des hymnes de victoire. Mais après quelques jours de réjouissances le roi, qui ne s'endormait jamais sur ses lauriers, ordonna qu'on se mit en route pour Débarouo.

Quand les Turcs, qui gardaient cette forteresse, apprirent la terrible défaite de leurs compagnons et la marche subite du roi, ils eurent une telle frayeur qu'ils firent aussitôt leur soumission. Le roi y entra en maître au bruit des canons qui furent déchargés en son honneur et s'empara de toutes les richesses de cette ville commerçante. Il fit ensuite détruire les remparts qui entouraient la ville, abattre leurs tours et incendier les mosquées. Quand tout cela fut terminé, il quitta Débarouo, en pardonnant aux Turcs qui s'étaient rendus, et en nommant lui même leur bacha.

Toute cette bataille, dont nous venons de donner un court résumé, renferme plus de dix feuillets dans ma chronique. Bruce, qui se pique d'avoir résumé de grosses annales, et qui, chaque fois qu'il s'agit de développer une bataille, a recours à sa puissante imagination, est sur ce point tout-à-fait muet. Il ne fait même pas mentionner cette guerre, la plus brillante du glorieux règne de Sartsa-Dëngël. Comment se peut-il que de grosses annales fussent restées muettes sur un sujet si important, alors qu'elles ne manquaient pas de raconter avec force détails de batailles moins conséquentes ? La chose est cependant vraie, et le silence du fameux voyageur est aussi très compréhensible si l'on consent a réduire ses annales à leur proportion réelle. L'abrégé, dont j'ai déjà parlé et qui fut la seule source où puisa Bruce, du moins pour le règne de Sartsa-Dëngël, garde le même silence sur cette bataille.

Cet abrégé parle néanmoins d'une première guerre du roi avec les Turcs, qui a eu lieu vers la 27e année de son règne, c'est-à-dire quatre ans avant sa mort. «Le roi, dit-il. alla à Déhono en face de Massouah et livra bataille au bacha des Turcs, appelé Kadaourd, et qui fut tué par Abéto-Yonaël, fils d'Ité-Ménitchalé. C'est ce qu'ont écrit les prêtres dans l'annotation des chants ecclésiastiques, lorsqu'ils disent: Yonaël, serviteur de Malak-Sagad a tué le bacha d'un coup de poignard».

Comme on le voit, l'auteur de l'abrégé a confondu la dernière victoire du roi sur les Turcs, dont je reparlerai plus tard et dans laquelle aucun bacha ne fut tué, avec la victoire dont on vient de lire le récit et qui eut lieu en la 16e année du règne. Or, c'est dans cette bataille qu'il est réellement question d'un Yonaël qui tua le bacha avec son sabre d'or. En se basant sur ces quelques lignes de l'abrégé, Bruce à forgé pour ses lecteurs un de ces récits dont lui seul avait le secret, mais qui en réalité n'est qu'un tissu d'inexactitudes, couvrant quatre pages [1] et que je regrette, à cause de sa longueur, de ne pouvoir reproduire. Pour lui, le héros du récit, Yonaël, change de nom et s'appelle Robel fils de Manétschali. Il l'a sans doute confondu avec Robel-Madabai, père de Yohanès, dont un des soldats, ainsi qu'on a vu plus haut, porta un coup de lance au bâhar-naggâch Yéshaq.

Par la chute de Débarouo la puissance turque fut presque anéantie. Ce fut le dernier coup qu'elle reçut. Désormais elle ne sera plus un danger pour l'Abyssinie. En une seule bataille, le roi Sartsa-Dèngël venait d'abattre cette force menaçante et de la mettre dans l'impossibilité de lui nuire. Elle osera cependant lever encore la tête une seule fois vers la fin du règne, mais elle la baissera bientôt honteusement pour ne la plus relever jamais.

---

[1] Bruce, t. IV. p. 356—359.

V

La bataille avec les Turcs, si funeste pour ces derniers, avait eu lieu en la 10ᵉ année du règne: le roi était alors âgé de 30 ans. On a vu que, depuis son avènement au trône, il n'a fait que lutter sans relâche contre des adversaires intérieurs et extérieurs. Le pays n'était par conséquent jamais en sûreté à cause de leurs incursions fréquentes toujours suivies de ravages. Les ennemis les plus redoutables furent les Maures, si odieux aux Abyssins, puis les Turcs dont l'unique but était de conquérir le pays pour l'exploiter; enfin les Gallas, qui en enserrant peu à peu l'Abyssinie de tous côtés, avaient fini par s'y introduire. Ils s'y étaient multipliés et étaient devenus un fléau pour les malheureuses provinces.

L'histoire de l'Abyssinie, jusqu'au règne de Sartsa-Déngël, ne nous offre qu'une suite ininterrompue de luttes sanglantes, d'invasions et massacres réciproques. A peine un roi venait-il de punir un ennemi, en dévastant ses plaines ou ses villes et en passant au fil de l'épée tout ce qui tombait sous sa main, qu'aussitôt après l'attaque, l'ennemi ranimé par la vengeance recueillait ses forces éparses et se jetait sur une des provinces chrétiennes, où personne n'évitait sa fureur. Il mettait tout à feu et à sang et les quelques êtres, qui lui avaient échappé, devenant esclaves, étaient vendus comme tels en Arabie ou sur les côtes indiennes.

Pendant trois siècles, tout effort de part et d'autre ne tendit qu'à une mutuelle extermination. Durant cette longue période de temps la force abyssinienne ne fut pas toujours victorieuse. Elle se trouvait même parfois sur le point d'être totalement écrasée, comme par exemple sous le règne de l'infortuné Lëbna-Déngël, où à la mort de Claudius et surtout à l'avénement au trône du jeune Sartsa-Déngël.

Il fut donné à ce prince de rendre enfin à l'Abyssinie le repos dont elle avait tant besoin. En une seule bataille, il écrase les Maures et les réduit à l'impuissance. Il traite de même les Turcs, dont la seule artillerie eût, cependant, pu exterminer les Abyssins. Mais n'est-il pas vrai que les armes mêmes les plus redoutables deviennent comme inutiles dans les mains des lâches! Ces Turcs orgueilleux, qui profitaient en effet de la faiblesse d'un bâharnaggâch pour l'attaquer et étendre de jour en jour leur territoire, et étaient déjà presque sûrs de la conquête de l'Abyssinie toute entière, se laissaient néanmoins exterminer par des troupes encore mal disciplinées, mal armées, et malgré leur puissante artillerie, leurs places fortes et leurs fameuses troupes de janissaires. En un seul et dernier échec, leur armée est détruite, leurs canons et mousquets enlevés, leurs places fortes reprises. Les voilà désormais réduits à la seule ville de Massouah, contraints d'accepter un bacha élu avec l'agrément du roi et encore d'abandonner à celui-ci la moitié de leurs revenus annuels, pour devenir dès lors de simples facteurs commerciaux des rois abyssins, comme ils l'avaient été jadis.

Aussi cette victoire fut-elle la plus grande et la plus importante du règne de Sartsa-Dêngêl. Mais tant d'heureuses batailles gagnées sans le moindre revers, une si belle série de victoires méritaient une consécration digne d'elles et d'un tel vainqueur.

Le roi se trouvait alors dans le Tigré non loin de l'antique ville d'Axum, sainte chez les Éthiopiens, car c'est dans sa cathédrale que furent déposées l'arche sainte et les tables de la Loi rapportées de Jérusalem par le roi Ménélik; et c'est encore là que se faisaient oindre avec la myrrhe salomonienne les princes éthiopiens. Pour couronner publiquement de si beaux succès, le prince résolut de se faire sacrer dans la ville d'Axum selon toutes les pompeuses cérémonies du pays.

Le couronnement eut lieu le 15 de têr, c'est-à-dire le 23 janvier, en la 10ᵉ année du règne. Le roi était alors âgé de 30 ans. Suivant Bruce le prince se fit couronner à Axum à son avénement au pouvoir. Il serait vraiment étonnant qu'un enfant de 14 ans (Bruce dit 12 ans), monté sur un trône chancelant, entouré de compétiteurs plus âgés que lui, proclamé et renversé quelques mois après par les nobles du royaume, ait eu la hardiesse de se faire couronner, quand son père, son fameux oncle Claudius et Lébna-Déngël ne l'avaient pas osé.

Néanmoins Bruce s'est gardé de faire la description du sacre, il est vrai qu'il n'était pas nécessaire. En revanche nous retrouvons chez lui le récit d'un sacre analogue, offrant quelques variantes insignifiantes avec celui que donne ma chronique, mais il veut parler du règne de Sousnios [1], le véritable successeur de Sartsa-Déngël si on laisse de côté Za-Déngël et Yacob, donc les règnes furent de très courte durée. L'histoire de ce Sousnios, prince sans valeur que Bruce appelle Malak-Sagad au lieu de Sultan-Sagad et auquel il consacre 258 pages, quand Sartsa-Déngël ou Malak-Sagad n'en a obtenu qu'une vingtaine, est remplie d'inexactitudes. Bruce le fait aussi couronner à Axum et presque au moment où il venait d'avoir deux rencontres avec les Gallas, dans l'une desquelles il fut battu et dans l'autre vainqueur.

Dans la matinée du 15 de tër, le roi entra solennellement à Axum, où il fut reçu par la foule qui avait été informée de son arrivée quelques jours avant. Sur le seuil de l'église [2] les évêques, prêtres et diacres, revêtus d'habits magnifiques, l'attendaient ayant en mains des croix d'or et des encensoirs d'argent. A l'orient de l'église, au milieu de la voie y conduisant, se tenaient à droite et à gauche deux jeunes filles nobles d'une grande beauté et tenant tendue une corde épaisse. Près de chacune de ces filles de Sion se trouvait une vieille mégère, un sabre à la main. Or, le roi devait passer devant elles avant d'arriver à l'église. Quand il approcha de la corde, les mégères sur un ton ironique

[1] Bruce, t. V, p. 67—70.

[2] L'église dans laquelle se trouvaient les prétendues tables de la Loi a été brûlée par le maure Grañ au temps de Lébna-Déngël; elle fut restaurée un peu plus tard par les Portugais d'après le premier plan.

lui demandèrent qui il était. — «Je suis, répondit le roi, le descendant d'Ebna-Hakim (Ménélik), de Salomon, de David». Prenant un ton insolent les vieilles lui renouvelèrent la question et de nouveau il répondit:—«Je suis le descendant de Na'od, de Ba'ëda-Maryam, de Zar'a Yacob»... Et comme pour la troisième fois elles lui demandaient qu'il il était, le roi, plein de colère d'avoir été invectivé par des mégères en un moment aussi solennel, éleva son bras en disant:—«Je suis le fils d'Admas-Sagad, d'Asnaf-Sagad, d'Ouanag-Sagad...» et de son sabre il trancha la corde. Et les vieilles s'écrièrent alors: «Oui, en vérité, tu es le roi de Sion, fils de Salomon et de David!»

Presque aussitôt les filles de Sion chantèrent des alléluias; les prêtres entonnèrent des hymnes; les soldats et la foule poussèrent de frénétiques hurrahs. A tout ce bruit de voix humaines se mêlèrent les sons gais et bruyants des trompettes et le grondement du canon. Grave, le roi s'avança sur des tapis précieux vers le seuil de l'église où l'attendaient les gouverneurs des provinces, les généraux et ses amis intimes. Il avait bientôt gagné le trône de David, comme le nomme le peuple éthiopien. S'étant assis, les prêtres s'approchent de lui et après l'avoir oint de parfums précieux, retournent à l'autel célébrer le service divin. Après quoi, Sartsa-Dĕngĕl fut couronné et le peuple salua en lui son vrai roi, son vainqueur et son père.

Telles furent les cérémonies du sacre qui eurent lieu à Axum en l'an 1579 (1585, le 15 du mois de tĕr.

VI

On sait que l'Abyssinie, d'une superficie de 410.200 km. est divisée en deux grands pays que sépare le fleuve Takazzé: le Tigré et l'Amhârá. Chacun de ces pays est subdivisé en provinces plus ou moins grandes. C'est de l'une de ces provinces, le Samen, que nous allons nous occuper particulièrement, puisque c'est son territoire qui va devenir le théâtre même de la guerre. Le Samen, situé au nord de l'Amhara et séparé du Tigré par le Takazzé, est entouré d'une chaine de montagnes escarpées et les plus hautes de l'Abyssinie. Il offre une étendue d'environ 80 milles de long sur trente mille de large seulement en quelques endroits et en d'autres beaucoup moins. [1]

Toutes les villes de ce pays sont bâties sur les sommets des hautes montagnes, elles-mêmes entourées de vallées profondes qui leur servent de tranchées. La plupart de ces sommets sont si élevés et leurs flancs si escarpés qu'il est comme impossible de les gravir à moins que les habitants ne viennent prêter secours. Tous ces rocs, que la nature semble avoir disposé pour servir de forteresses, ont servi de bonne heure de refuge aux Juifs nombreux répandus en grand nombre dans l'Abyssinie.

Peuple agriculteur et industrieux [2], ayant de tout temps fui les razzias et les invasions, les Juifs avaient cherché asile sur ces montagnes désolées, dont les vallées étroites et bordées de précipices ne pouvaient être franchies qu'avec de grandes précautions; c'est là, à l'écart des routes ordinaires que suivaient les armées, que pendant des siècles ils se sont conservés, multipliés et y ont vécu tranquillement du produit de leurs mains.

Ces Falachas, car c'est ainsi qu'on les nomme en Abyssinie, seraient d'après la légende les descendants des Juifs venus avec Ménélik au temps de Salomon. Au quatrième siècle, dit encore la légende, la majeure partie de ces Juifs s'étaient convertis au christianisme et ce sont les Ethiopiens de nos jours. Or, l'amour de sa religion et de la tradition étant très profondément ancré dans le cœur du juif, ce qu'on a pu d'ailleurs remarquer à toutes les époques, il est permis de supposer et même de croire qu'avant leur conversion au

---

[1] Bruce, t. VIII, p. 12.

[2] Seuls parmi les Juifs répandus dans le monde, les Falachas ne se livrent à aucun commerce. L'isolement a beaucoup, il est vrai, contribué à cela.

christianisme les Ethiopiens ne furent pas des Juifs, car j'irai
jusqu'à dire que si ce peuple l'eût été, il le serait encore.
Et sans remonter à une époque si lointaine, il me semble
qu'il vaut mieux supposer que des colonies de juifs, émigrées
de Palestine aussitôt après la destruction de Jérusalem, s'établirent en Abyssinie, que pendant deux ou trois siècles in-
fluencèrent les indigènes, qui n'avaient aucune religion pré-
cise, puis qu'à la naissance du christianisme, elles partirent
pour se soustraire à l'influence de la religion nouvelle.

Ces Falachas diffèrent des autres Juifs en ce qu'ils sont de
couleur noire, n'ont point de Talmud, font encore des sacri-
fices humains, ont la Bible écrite en gĕ'ĕz, langue littéraire
du pays, et parlent un dialecte éthiopien.

On a vu au début de ce travail que la légende leur re-
proche un très grand crime commis vers-le Xᵉ siècle par une
de leurs reines. Cette légende, comme tant d'autres que des
savants (comme Bruce, Rüppell, etc.) ont acceptée sans ré-
serves, n'a aucune apparence de vérité. Aussi faut-il la rejeter
dans le domaine des choses fictives.

Plus tard, devenus sujets des monarques abyssins, en
échange d'un tribut annuel consistant en troupeaux et en
grains, ils eurent la liberté de se gouverner eux-mêmes selon
leurs lois et d'élire le prince qui leur plaisait. Maintes fois
cependant, soit qu'ils ne voulussent pas payer ce tribut peut-
être trop pesant pour eux, soit qu'ils eussent excité la convoitise insatiable de quelque prince ou gouverneur, maintes
fois, dis-je, des armées affamées de butin leur firent subir
les pires cruautés.

La chronique que j'ai traduite parle d'un massacre de Falachas sous le règne de Baĕda-Maryam (1468-78), massacre
dirigé par un certain Marqos, gouverneur de la province de
Bégamĕdĕr, mais la longueur du récit m'empêche de le reproduire.

Toutefois la plupart du temps on les laissait en paix,
sans doute que les rois abyssins n'avaient pas le désir d'aller peupler les précipices du Samen avec leurs propres
troupes et pour la simple gloire de punir l'ennemi du Christ.

Admas-Sagad, le père du roi Sartsa-Dèngèl, oubliant qu'il avait un autre ennemi plus redoutable à châtier, marcha aussi contre Radaé, le prince du Samen, mais il dut bientôt battre en retraite devant l'impossibilité de prendre la forteresse du rebelle.

Il paraît que durant les seize premières années du règne de ce prince, les Falachas se tinrent tranquilles et payèrent l'impôt. Quand Sartsa-Dèngèl eut vaincu tous ses ennemis et même exterminé les plus puissants, le prince falacha crut aussi que le temps était venu de refuser le tribut dû au roi et de se soulever. Mais cet acte hardi, conçu à un moment inopportun, n'eut pas dans la suite l'heureux résultat auquel s'était attendu le juif. Trop fiers de la position inaccessible que leur offrait la nature, ces princes falachas se permettaient souvent de jeter des défis aux princes abyssins, sûrs qu'ils étaient de rester impunis. Cependant, comme je l'ai dit, en cette audacieuse tentative, la fin ne correspondit pas aux espérances du prince.

Le roi se trouvait alors dans la province de Dambia, où il était allé hiverner après le couronnement d'Axum. Une députation de Radaé vint lui annoncer de la part de ce prince que «malgré ses immenses richesses, ses abondantes récoltes, la grande quantité du miel et ses nombreux bestiaux», il ne pouvait plus rien donner au roi.

Sartsa-Dèngèl n'avait même pas songé aux Falachas. Après son couronnement, il avait déjà projeté pour l'été prochain une expédition contre les Gallas d'Angot, de Gadam, d'Ifat et de Daouaro, qui avaient razzié la province de Choa au moment où il était occupé à l'autre extrémité du pays à combattre les Turcs. Et comment pouvait-il en effet penser à un ennemi si peu redoutable que les Juifs ? En recevant le défi de Radaé, le vainqueur des Maures et des Turcs ne pouvait pas évidemment laisser impuni cet insolent défi; aussi remit-il à une autre époque la guerre contre les Gallas et prit-il la ferme résolution d'attaquer sans retard la tribu de Radaé dès que l'hiver serait passé.

Ainsi qu'il avait été convenu avec les gouverneurs des

provinces, ceux-ci rejoignirent le roi au lieu et à la date fixés. Ce fut le 16 du mois de tēqēmt (le 26 Octobre), au début de l'été, que l'on se mit en route.

Deux semaines après on était parvenu à l'ambâ de Kalef, frère de Radaï, non sans d'immenses et innombrables difficultés. Les routes de ce pays, déjà étroites et détournées, mal faites, avaient été rendues absolument inpraticables et dangereuses par Kalef, qui savait que le roi devait les suivre. La plupart même de ces routes, bordées de nombreux précipices, étaient tellement étroites et difficiles que les chevaux, les mules ou autres animaux ne pouvaient marcher qu'à la file. Outre cela, il y avait à combattre le froid, froid si rigoureux que les indigènes seuls, déjà accoutumés, le pouvaient supporter. Enfin la grêle tomba presque sans relâche. Mais laissons parler le chroniqueur : «Un jour, dit-il, que nous étions en route vers l'ambâ de Kalef, il tomba de la grêle la nuit toute entière et quand fûmes au matin nous vîmes le sol entièrement couvert d'une couche épaisse, qu'il nous fut impossible de nous frayer un chemin au travers». Comme si cette difficulté n'eût pas suffi, Kalef avait ordonné de brûler toutes les maisons et de détruire les récoltes mêmes des champs, qui, en ce moment, commençaient à croître.

Enfin le 29 de tēqēmt, après mille dangers, on atteignit l'ambâ de Kalef. Cet ambâ n'était qu'un de ces réduits montagneux fortifiés par la nature elle-même. Un fossé très profond, qu'il était impossible de franchir, le séparait du camp du roi. Les capitaines cernèrent l'ambâ de tous côtés avec leurs troupes afin d'empêcher les Falachas de prendre la fuite. Le résultat se fit peu attendre.

Vers le 6 heures du soir le roi ordonna de pointer quelques canons. Les Falachas, entendant et voyant l'effet désastreux produit par les boulets qui tombaient au milieu d'eux, furent pris de panique et Kalef même le prince crut en perdre la tête. Ces enfants des montagnes n'avaient en vérité jamais vu ni entendu quelque chose d'aussi terrifiant et croyaient que le ciel allait tomber sur eux, ils prenaient en effet le grondement des canons pour des coups de tonnerre.

Leurs armes n'étaient que d'énormes blocs de pierre qu'ils lançaient sur ceux qui se trouvaient au pied de l'ambâ. Quand un de ces blocs tombait, il ne faisait que briser ce qui se trouvait sur son passage et arrivé à terre il s'y enfonçait profondément.

Malgré la quantité de pierres et la frayeur inspirée par de tels engins, les Falachas ne pouvaient résister plus longtemps à l'artillerie royale. Ils prirent donc le parti de fuir pour échapper au massacre inévitable. Mais les soldats cachés en embuscade les attendaient déjà, il tombent sur eux au moment où ils sortaient de l'ambâ et les taillent en pièces à mesure qu'ils arrivent. On en fit un grand carnage. Ceux que le sabre épargna se donnèrent eux-mêmes la mort afin de ne pas tomber entre les mains de leurs ennemis, les chrétiens.

Le chroniqueur mentionne un touchant trait d'héroïsme accompli par une juive. Faite prisonnière par un soldat chrétien, celui-ci, pour ne pas perdre sa victime, avait lié ses bras aux siens à l'aide d'une corde. Arrivés devant un précipice, la jeune femme rayonna de joie et en s'écriant : «Adonaï, aide-moi !» elle se précipita dans le gouffre entraînant avec elle son possesseur. Et le chroniqueur ajoute : «Le courage de cette femme qui préfère se donner la mort que de se réunir à la communauté chrétienne est vraiment admirable! Du reste, ajoute-t-il, elle ne fut pas la seule à agir de la sorte, beaucoup d'autres ont fait de même, mais ce fut elle qui donna l'exemple».

Quand Radaë, le prince de la forteresse principale, fut informé de la défaite de son frère, il entra en une violente colère et s'écria : «Se laisser vaincre dans un ambâ si formidable? Ne pouvait-il les empêcher d'y monter, pourquoi les a-t-il laissés faire? Qu'ils viennent donc me voir, ils trembleront d'effroi et n'auront pas le courage de monter dans mon ambâ». Mais Kalef lui fit répondre sagement : «Fasse Dieu qu'il ne lui arrive ce qui m'est arrivé; quand il aura jugé de la puissance du roi, il comprendra alors ma défaite.»

Néanmoins la lâcheté égalait l'orgueil de ce prince, bien qu'il disposât d'une armée fort disciplinée et que sa seule position eût suffi à lui donner du courage de résister.

Le roi fit alors assiéger l'ambâ de Radaë et le 4 du mois de tahchach, seulement quelques jours après, Radaë, se croyant perdu, prit la lâche résolution d'abandonner l'ambâ et d'y laisser son armée. Il sortit en effet sans qu'il fut aperçu, mais bientôt repris par la peur, il envoya dire à Aba-Néouayé, l'un des capitaines du roi bien que moine, qu'il consente à se rendre à condition qu'on lui laisse la vie, et qu'il préfère implorer la grâce du roi que de lui résister. «Du reste, ajoutait-il, toute résistance est inutile devant les fusils et les canons».

La forteresse de Radaë, ce formidable roc dont le sommet arrivait jusqu'aux nues et dont l'aspect seul épouvantait toutes les armées qui venaient l'assiéger, dut enfin se rendre. La résistance était, d'ailleurs, devenue impossible. Comme toutes les villes situées sur des montagnes, celle-ci ne pouvait puiser de l'eau que dans la valée. En établissant son camp sur les bords de cette vallée et en faisant cerner la montagne de troupes, le roi avait soigneusement gardé toutes les sources et citernes des environs. Dépourvus d'eau, cet indispensable élément, il ne restait plus aux assiégés que de se rendre ou d'aller attaquer le roi en sortant de l'ambâ. Le lâche Radaë choisit le premier moyen.

Cette double défaite ne découragea point les Falachas. Six ans après, alors que le roi campait non loin du Samen, il fut informé qu'ils avaient quitté leurs hautes montagnes, ravagé le district de Ouaggara, brûlé une quantité de maisons et mené en esclavage hommes et femmes. Cette audace causa au roi une grande colère et il résolut d'aller exterminer dans une dernière campagne ce peuple de «vaillants qui ont illustré leur noms».

Deux autres frères régnaient alors sur le Samen : Gochan et Ghédéon. C'est à tort que certains historiens (entre autres Bruce) se basant sur une fausse légende éthiopienne, ont affirmé que tous les princes falachas dans le Samen se faisaient appeler Ghédéon et toutes les princesses Judith. Il est vrai que ces deux noms étaient fort en usage, mais ils n'étaient pas exclusivement employés ; ainsi l'on a vu que les deux princes précédents ne s'appelaient pas Ghédéon.

Les Falachas résistèrent cette fois en désespérés et leurs deux chefs surent mourir avec courage. Malgré toute la bravoure et la hardiesse des troupes royales, des rochers ne sortait personne. Et comme la situation ne changeait pas, la position de l'armée devint critique et empira de jour en jour. Vouloir à tout prix rester dans ce pays dangereux, entre des précipices et des sommets effrayants, c'eût été vouer toute l'armée à une mort certaine. «En un seul jour, dit le chroniqueur, deux cents hommes périrent de faim et de froid, et les précipices furent leurs tombeaux». Le désespoir devint indescriptible. Toute l'artillerie ne servait maintenant à rien. Les Tschéouo, les quérbans, tous les vaillants enfin, qui ne demandaient qu'à combattre, expiraient faute de vivres.

On serait resté des années à contempler les flancs arides de l'ambá si l'on n'eût eu recours à un stratagème. Quelques soldats, doués d'une agilité extraordinaire, grimpèrent, au risque de se tuer, sur ce rocher presque à pic et ayant examiné l'entrée de l'ambá, redescendirent pour remonter aussitôt avec des cordes qu'ils fixèrent solidement et improvisèrent une sorte d'échelle. A l'aide de cet engin, une trentaine de combattants, qui s'étaient illustrés dans différentes batailles, devaient monter, accompagnés de 9 Turcs renommés pour leur force herculéenne.

L'ascension eut lieu vers minuit, tandis le camp de Gochan dormait. Selon le désir du roi, on mit le feu au camp de tous les côtés afin que ceux d'en bas apprissent que la forteresse était tombée. A la vue des flammes, le roi fit battre les tambours et résonner les trompettes. Au sein de ce tumulte stupéfiant, Gochan courait en désespéré. Comprenant enfin le péril, il réunit sa famille et résolut d'aller se jeter dans un précipice plutôt que de se laisser toucher par une main chrétienne. Mais à la sortie, il tomba avec les siens entre les mains des soldats qui leur tranchèrent la tête.

Ghédéon qui occupait l'amba voisin, apprenant la défaite de son frère Gochan, pensa qu'il serait folie de continuer à combattre. Il résolut donc de se donner la mort, en conjurant les compagnons d'en faire de même. «Ecoutez-moi, leur disait-il, nous voilà menacés des épées et des javelots ; or, ne vaut-il pas mieux mourir avec gloire que de se laisser traîner en captivité ? Ne vous souvient-il pas de ce qu'on dit nos ancêtres après le siège que Tite fils de Vespasien leur avait fait supporter : il vaut mieux mourir avec gloire que de vivre dans la honte». Le chroniqueur laisse cependant percer son admiration pour des tels actes de courage. «Une pareille mort, dit-il, est digne de chrétiens! quant aux Juifs, que leur sert de mourir, si l'Enfer les attend tous!»

Les femmes surtout coururent joyeuses à la mort. Seulement, ajoute le chroniqueur, il est dommage que ces femmes soient mortes pour une religion qui a été abolie et rendue inutile, et non pour celle du Christ qui a été envoyé sur la terre pour la révéler.

On trouva dans les ambás un maigre butin, qui ne compensa en rien les pertes énormes de soldats que le roi avait faites dans ces contrées maudites de la nature. Mais le roi était allé dans le Samen non pour recueillir des richesses, mais pour vaincre l'ennemi du Christ.

Le récit de ces deux expéditions contre les Falachas, dont j'ai donné une bien faible idée, est le meilleur de ma chronique. L'auteur a assisté en témoin à ces batailles et a soigneusement tout noté. Bruce ne nous parle malheureusement que fort peu de ces guerres du roi. D'abord chez lui Kalef est le successeur de Radaü, ce qui est faux, car ils régnaient en même temps. Les deux expéditions, si longuement décrites dans la chronique, occupent chez lui quelques lignes seulement. Comme chaque phrase de ce morceau est une inexactitude, je le reproduis ici en abrégeant : «Gochen, frère du fameux Ghédéon, qui était alors roi des Juifs, se mit à la tête des troupes. La bataille eut lieu dans la plaine de Woggora, le 19 Janvier 1591, avec le succès qu'on devait en attendre. Quatre mille Juifs restèrent sur place, parmi lesquels on comptait le fameux Gochen». [1] L'abrégé de l'histoire éthiopienne (traduction René Basset) qui a passé sous les yeux de Bruce, s'exprime ainsi: «En la 21ᵉ année, le roi fit une expédition dans le Samen, attaqua Goûchen le salacha, frère de Ghédéon et le tua le 21 de tēr».

Si Bruce se fût contenté de reproduire ce que disait l'abrégé, sans vouloir préciser à l'aide des détails que lui fournissait son imagination, il eût certes mieux servi l'histoire. Il est faux que le salacha soit allé chercher le roi dans la plaine de Woggora, pour lui livrer bataille; le nombre de 4 mille Juifs, tombés dans le combat ne peut être qu'imaginaire. Enfin l'année 1591 que Bruce donne comme date de cette victoire me paraît très douteuse, car c'est l'année où Sartsa-Dӗngӗl venait de rendre le dernier soupir après un règne glorieux de 31 ans. En réalité, ces deux expéditions ont eu lieu, l'une en la 18ᵉ et l'autre en la 21ᵉ année de son règne, et par conséquent le dernier événement eut lieu en l'année 1587 (ou 1580 selon l'ère éthiopienne).

VII

On a vu qu'après la défaite que leur avait infligée Sartsa-Dӗngӗl dans la 16ᵉ année de son règne, les Turcs perdirent toutes les villes qu'ils possédaient au temps du bâhar-naggâch Yӗshaq. Seule la ville de Massouah resta en leur pouvoir et encore avec la condition qu'à l'avenir ils céderaient annuellement la moitié de leurs revenus commerciaux. Longtemps ils supportèrent cette humiliation sans montrer la moindre apparence de mécontentement. Dix ans s'écoulèrent ainsi, quand tout-à-coup ils se réveillèrent. Se trouvaient-ils blessés dans leur amour propre d'avoir à aliéner la moitié de leurs biens? S'imaginaient-ils le roi affaibli par tant de

______

[1] Bruce, t. IV, p. 855.

batailles et par conséquent incapable de les punir? Aussi résolurent-ils d'attaquer quelque province et de manifester leurs intentions hostiles.

Certain jour, pendant que le roi s'attendait le moins du monde à un soulèvement des Turcs, il fut informé qu'ils avaient marché sur la province du Tigré, dont le gouverneur Dahragot, surpris à l'improviste, s'était laissé battre, et qu'ils avaient ravagé toute la contrée, en massacrant la majeure partie des habitants et en réduisant les autres en esclavage ; que, de plus, ils s'étaient emparé de la ville de Débarouo, l'avaient fortifié, et s'y tenaient enfermés.

Cette audace du bacha turc révolta le roi. Il fit aussitôt rassembler ses troupes, éparses dans les provinces, et, se mettant à leur tête, il alla trouver le rebelle dans la ville de Débarouo. Celui-ci fut tellement terrifié par la nouvelle de l'arrivée du roi que, craignant de se trouver éloigné de la mer et sans espoir de fuir, il quitta Débarouo et se rendit à Déhono (Dixan), petite ville non loin de Massouah et proche de la côte. Une fois là, il lui eût été facile de se jeter avec les siens dans des navires et d'échapper à la poursuite des Abyssins.

Or, le roi ne lui laissa pas le temps de réaliser son projet, car il le rejoignit bientôt à Déhono et mit le feu à l'enceinte de cette ville. Une grande panique s'empara des Turcs. Se croyant perdu, le bacha dut se résigner à la soumission. Il écrivit au roi, le priant de cesser toute hostilité et de lui pardonner. Voici avec quelle humilité il s'exprime : «Saluts profonds et respectueux à Toi, mon Seigneur et à Ton royaume, je viens d'entendre le bruit de Ton armée et j'en suis épouvanté etc.» Et plus loin il ajoute : «Or, je Te prie de me pardonner...... et alors, comme un des Tes soldats, je ferai tout ce que Tu m'auras ordonné.» Le roi lui accorda ce pardon et reçut, en présents, une immense quantité de marchandises, d'objets précieux et des bêtes de somme, destinées aux grands du royaume et aux officiers de l'armée royale.

Ce fut la dernière fois que les Turcs firent parler d'eux

en Abyssinie. A partir de ce moment ils devinrent, ainsi que je l'ai dit plus haut, de simples facteurs commerciaux. Le Sultan de Constantinople lui-même, voyant qu'il y avait peu d'espoir à conquérir le pays et craignant de perdre inutilement de nouvelles forces, rappela le reste des janissaires qui étaient encore à Massouah. C'est ainsi, qu'au nord de l'Abyssinie, la puissance turque fut détruite par le roi Sartsa-Dĕngĕl.

Cette bataille ne fut pas la dernière de ce vaillant prince. Durant quatre ans encore il combattra sans relâche pour trouver enfin la mort au retour d'une expédition heureuse contre une peuplade de Gallas, nommés les Borans. Il n'était alors âgé que de 45 ans. Comme un chasseur infatigable, il n'avait reculé devant aucun danger, poursuivant sans cesse ses ennemis et les exterminant.

Son long règne de 31 ans n'a été, en résumé, qu'une suite ininterrompue de batailles, toujours couronnées par la victoire.

Il sut se créer une armée parfaite telle que les Abyssins n'en avait encore vue. Qu'on était loin du temps où les armées abyssiniennes se composaient de quelques milliers de soldats, mal vêtus, mercenaires, indisciplinés, fort difficiles à commander, et qui, dès qu'ils étaient chargés de butin, commençaient à murmurer et à vouloir rentrer dans leurs foyers plutôt que d'étendre leurs conquêtes. Ce prince réussit à se faire une armée nombreuse, en grande partie bien disciplinée, qui se levait de partout au premier appel et le suivait toujours avec joie et amour.

C'est aux Tschéouo, guerriers éprouvés, que le roi dut surtout ses plus éclatantes victoires. D'ailleurs, les Quĕrbans, qui formaient la propre garde du roi, les Haouach, milice disciplinée sous les ordres de Takla-Ghiorghis, et quelques autres bataillons encore, formés d'éléments étrangers, turcs, maures et gallas, dévoués au roi, avaient contribué non moins au succès général. A la bataille contre Yĕshaq l'armée royale, dit le chroniqueur, se composait déjà de dizaines de milliers d'hommes. Après la défaite de la puissance turque, elle entra en possession d'une formidable artillerie, chose inconnue jusqu'alors aux Abyssins, et au maniement de laquelle elle s'habitua bientôt. C'est avec cet armement moderne que le roi soumit et épouvanta Gallas, Falachas et autres peuplades qui ne connaissaient que la flèche et la lance.

Autrefois, chaque gouverneur, ayant son armée propre, il ne pouvait y avoir d'armée nationale. Maintenant qu'il n'y avait plus de guerres intestines, tous les gouverneurs étaient devenus de simples capitaines du roi, dont le devoir était de venir aussitôt qu'on les avait appelé, de se ranger avec leurs troupes sous l'étendard royal et de combattre à la fois l'ennemi du pays. Le roi devenait général en chef de cette armée nombreuse, et rien ne pouvait se faire sans qu'il l'eût d'abord commandé. Aussi se montra-t-il d'une grande sévérité envers ses soldats, auxquels il sut inspirer un profond respect et son propre enthousiasme. La chronique nous parle même de boiteux et d'aveugles que le roi avait empêché de le suivre, mais qui l'accompagnaient malgré tout, préférant mourir pour lui sur le champ de bataille plutôt que d'expirer chez eux. Il était l'idole de ses troupes.

Il sut s'entourer des meilleurs capitaines. Takla-Ghiorghis (le choum et le dadjazmatsch), Azmatsch-Taklo, Yonaël, Dahragot, pour ne citer que ceux-ci, ont décidé plus d'une fois de l'issue de la bataille et souvent contribué par leur présence à ranimer le courage des troupes chancelantes. Ce fut pour la première fois que ces capitaines, presque tous gouverneurs de provinces, se virent rangés sous le même sceptre et combattirent pour le même but: la défense du pays.

Sartsa-Déngel ou Malak-Sagad fut un prince remarquable par sa puissante énergie et sa science militaire. Dès qu'il avait résolu de punir un ennemi ou un rebelle, rien ne pouvait plus l'arrêter dans sa décision. En face du mécontentement des nobles ou des murmures des troupes, quand la faim et le froid les tourmentaient, il restait inébranlable: «Pourquoi sommes-nous venus?» leur répondait-il. «N'est-ce pour combattre l'ennemi, alors pourquoi reculez-vous?» Quant à lui, il eût préféré périr avec toute son armée que de repartir. Cette règle qu'il s'était imposée et qu'il respecta toute sa vie, fut la cause de toutes ses victoires.

En général habile et expérimenté, il avait le mérite de trouver du premier coup le lieu favorable à la bataille et à deviner aussitôt les inconvénients ou les avantages qui en pouvaient découler. Pas un combat ne se livrait avant qu'il n'eût donné lui-même l'ordre, rangé selon son habitude les troupes en ligne de bataille et assigné à chaque gouverneur son poste respectif.

A côté de ces qualités maîtresses, qui font de Sartsa-Dèngèl le meilleur général qu'ait vu l'Abyssinie, nous devons mentionner encore une, qui à elle seule le rendit supérieur à tous les princes éthiopiens antérieurs ou postérieurs: c'est sa grandeur d'âme. Au lieu de reléguer ses parents sur le mont Ghéchen pour le reste de leur vie, sort qui les eût attendu sous tout autre prince, il leur pardonna, et pour toute vengeance les accueillit avec bienveillance et leur rendit leurs anciennes dignités. Plus tard, dans les guerres contre les Maures, les Gallas ou les Turcs, chaque fois que l'ennemi se présentera pour implorer le pardon, le roi, pris de pitié, la lui accordera volontiers, mais avec l'unique condition qu'il se gardât dans l'avenir de recommencer. S'il faisait trancher la tête à des ennemis, c'est que les nobles s'opposaient de toutes leurs forces à ce qu'ils restassent en vie.

Cette douceur fut la vertu dominante du roi pendant tout son règne. Par contraste, une fureur terrible, qui avait cependant des bornes, faisait parfois place à son égalité d'humeur.

Malgré toutes ses victoires, ce prince ne fut jamais enivré d'orgueil. A peine avait-il vaincu un ennemi qu'au lieu de s'en réjouir, comme eussent fait tant d'autres, il pensait avec amertume à la façon dont se succèdent les rois en ce monde et ne manquaient jamais de dire qu'il devait ce succès à la grâce de Jésus-Christ et non à son propre mérite.

Avec Sartsa-Dèngèl ou Malak-Sagad l'Abyssinie, si longtemps envahie et ravagée, entre dans une ère de repos et de prospérité. La défaite de tant d'ennemis l'avaient beaucoup enrichie, tant par le butin considérable qu'on avait prélevé, que par les impôts payés par les peuples soumis. En outre, les dissensions intérieures avaient disparu, ces luttes intestines qui avaient autrefois enlevé au pays tout repos, et qui le déchireront plus tard encore.

Ajoutons qu'il est triste qu'un historien comme Bruce, en parlant d'un prince sans valeur nommé Sousnios, puisse dire que ce fut le plus grand roi qui se soit jamais assis sur le trône de l'Abyssinie.(¹) Ce fut peut-être en lâcheté, parce que de tous les rois antérieurs il s'est montré le plus faible en adoptant le catholicisme, religion qui fit tant de mal à son pays.

Il était donc temps de réhabiliter la mémoire de Sartsa-Déngël qui, à lui seul, remporta plus de vingt victoires, chassa les Gallas, extermina les Maures et les Turcs. Avoir vaincu ces deux derniers ennemis, les plus acharnés et les plus dangereux du malheureux pays, est un titre suffisant pour qu'il mérite d'être placé au plus haut rang parmi les rois de l'Abyssinie.

(¹) Bruce, t. V, p. 285.

Ouvrages consultés.

Les Annales de Sartsa-Dèngèl, texte éthiopien inédit dont la traduction en français servira de thèse pour l'obtention du diplôme de l'Ecole des Hautes-Etudes de Paris.

Bruce, *Voyage aux sources du Nil, en Nubie et en Abyssinie pendant les années 1768-1772*, trad. de l'anglais par Castéra. Londres, 10 volumes; spécialement le IVe volume de cet ouvrage.

René Basset, *Etudes sur l'histoire de l'Ethiopie*, Paris 1882. (Il s'agit d'un abrégé d'histoire éthiopienne suivi d'une traduction et accompagné de notes explicatives).

Rüppell, *Reisen in Abessinien*, Frankfurt, 1838-40, 2 vol.

Dillmann, *Catalogus codicum manuscr. Biblioth. Bodl. Oxon.* Part. VII, Codices aethiopici.

Zotenberg, *Catalogue des manuscrits éthiopiens de la Bibl. nationale de Paris.* 1873.

D'Abbadie (Antoine), *Catalogue raisonné des manuscris éthiopiens appartenant à....* Paris, 1859.

Notes prises au cours d'éthiopien de M. Halévy à l'Ecole des Hautes-Etudes de Paris.

BUCURESCI

TIPOGRAFIA CURȚEI REGALE, F. GÖBL FII
12, Pasagiul Român, 12
1892

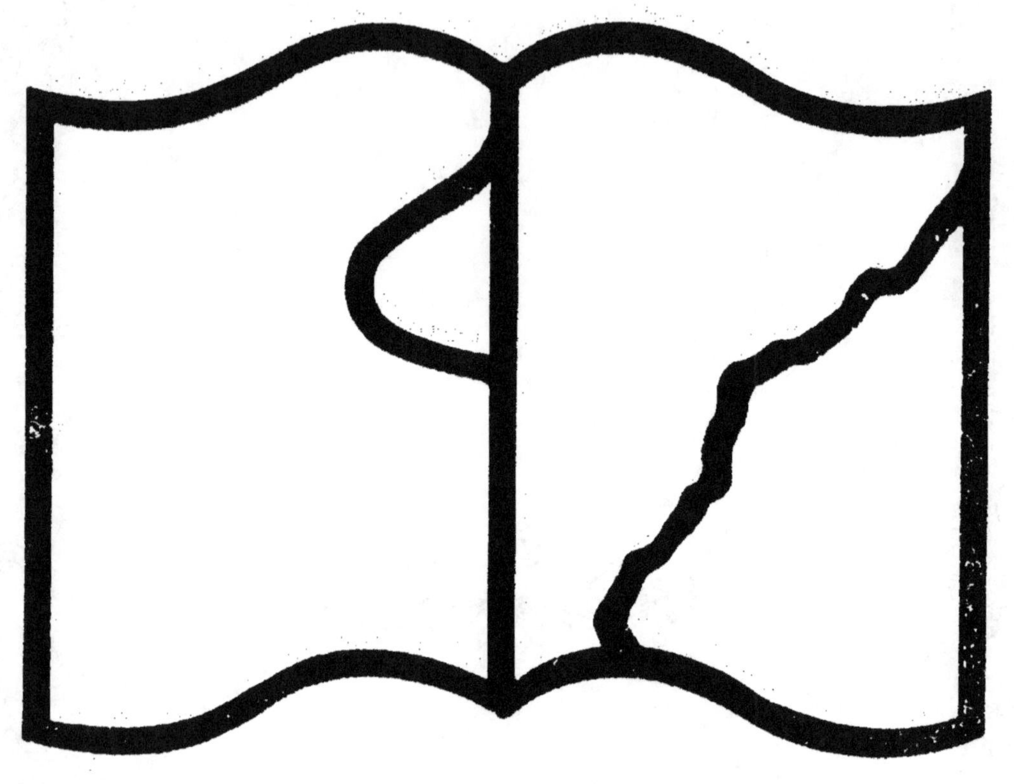

Texte détérioré — reliure défectueuse

NF Z 43-120-11

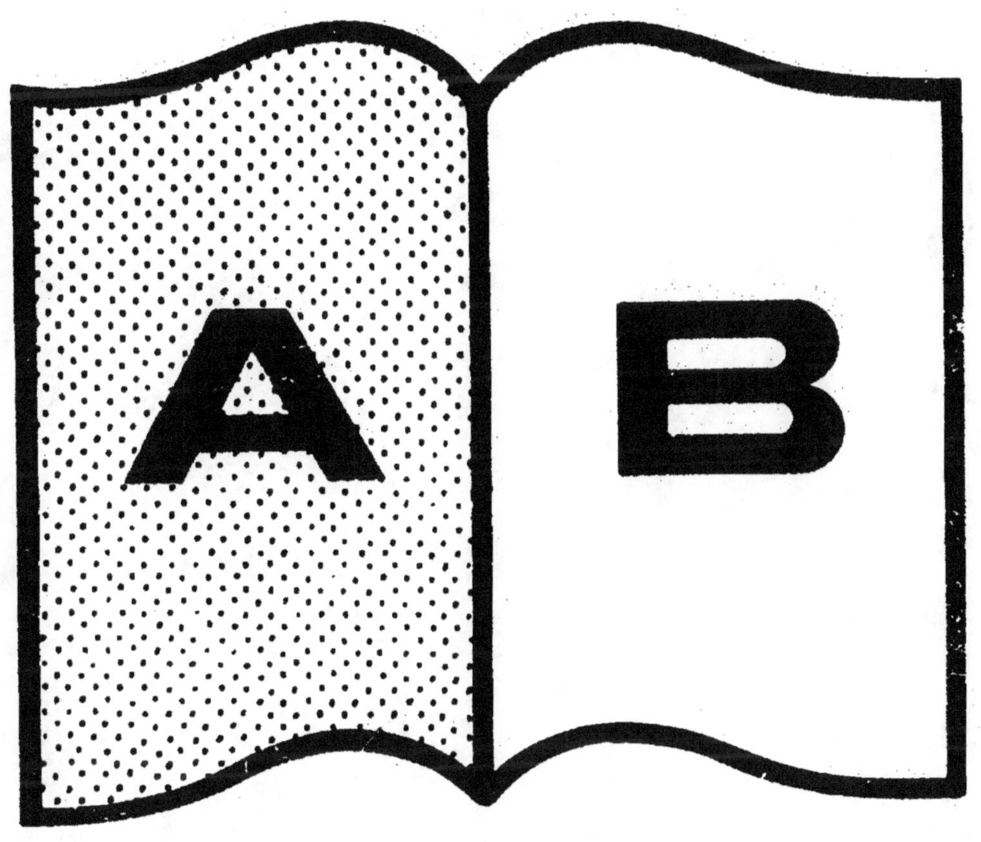

Contraste insuffisant

NF Z 43-120-14